Caminos neu

Guía didáctica

2

Ernst Klett Sprachen
Barcelona Belgrad Budapest Ljubljana
London Posen Prag Sofia Stuttgart Zagreb

Caminos neu

Guía didáctica

von
Rafael Mellado Jurado

1. Auflage 1 4 3 2 1 | 08 07 06 2005

Alle Drucke dieser Auflage können im Unterricht nebeneinander benutzt werden, sie sind untereinander unverändert. Die letzte Zahl bezeichnet das Jahr dieses Druckes.

Internetadresse: http://www.klett.de

Redaktion: Mónica Cociña Iglesias
Gestaltung: Marion Köster
Druck: Medien Druck Unterland GmbH, Flein

ISBN 3-12-514916-9

9 783125 149168

Caminos Online

Interessante Links und Kopiervorlagen zur jeweiligen Lektion finden Sie unter www.klett.de bei *Caminos neu*.

Índice

La concepción didáctica
de Caminos __S. 4

Para conocernos mejor __S. 10

1
Vivir, antes y hoy __S. 11

2
Recuerdos __S. 18

3
Estar en forma __S. 25

4
Revuelto __S. 34

5
De fiesta __S. 37

6
¡No hay problema! __S. 45

7
¡Mucho trabajo! __S. 52

8
Revuelto __S. 59

9
Nuevos horizontes __S. 61

10
¡Que lo pases bien! __S. 68

11
Nos entendemos bien __S. 75

12
Revuelto __S. 82

Introducción

Caminos neu es un curso de español para principiantes o falsos principiantes adultos o adolescentes que estudian español en diferentes instituciones como la Universidad Popular, escuelas de idiomas, centros de enseñanza secundaria y universidades. Se puede usar en cursos extensivos (una vez por semana) así como en cursos intensivos.
Caminos neu consta de tres tomos que corresponden a los niveles **A1**, **A2** y **B1** del Marco Común Europeo de Referencia.
Caminos neu se caracteriza además por una amplia oferta de materiales adicionales que pueden ser utilizados en la clase o bien por los alumnos en casa. Con esto se puede conseguir una mayor flexibilidad para los distintos grupos según sus necesidades particulares o ritmos de aprendizaje. *Caminos neu* destaca por su presentación moderna y motivadora de los temas y su progresión clara, sistemática y lineal, lo que facilita su uso en la clase y la preparación de la misma.

Caminos neu 2 ofrece los siguientes materiales:

- **El Libro del alumno**, que contiene, además de las unidades temáticas, un anexo dedicado al mundo laboral (Rincón profesional), un anexo de ejercicios y un CD con los materiales auditivos de estos ejercicios
- **2 CDs** con los materiales auditivos de las unidades temáticas
- Un **Manual facultativo de refuerzo**
- La **Guía didáctica**
- **Caminos online**: un sitio web con propuestas para docentes y alumnos en www.klett.de

El libro del alumno

Las unidades

El elemento central de *Caminos neu 2* lo constituyen 12 unidades: 9 unidades temáticas y 3 "revueltos". Las 9 unidades temáticas están subdivididas a su vez en dos bloques, cada uno de los cuales trata un tema que se subordina al tema principal de la unidad.
En cada unidad se tratan temas actuales, de interés para el alumno, y con la profundidad que se espera de un libro dedicado a la enseñanza de adultos. Los recursos, la gramática y el vocabulario derivan del contenido temático
Las instrucciones se dan en español desde el principio y están en negrita para que los alumnos se fijen más en ellas y, poco a poco, las vayan interiorizando.
Las unidades 4, 8 y 12 son unidades de repetición, "revueltos", cuyo objetivo es repasar lo aprendido en las tres unidades anteriores y utilizarlo en nuevos contextos.
Una secuencia de 4 unidades (3 temáticas y un "revuelto") está pensada para un semestre (unas 30 horas de clase), el manual, según el tipo de curso y el ritmo de aprendizaje de la clase, para 3 semestres (entre 80 y 100 horas de clase).

La estructura de una unidad

La página introductoria: Cada unidad, excepto los "revueltos", comienza con una página introductoria. A través de elementos visuales como fotos o dibujos, se despierta el interés del alumno hacia lo que va a aprender a lo largo de la unidad y se activan sus conocimientos previos sobre el tema. Además, esta página presenta los contenidos temáticos y funcionales de la unidad así como una pequeña tarea, para que los alumnos tomen el primer contacto con lo que van a aprender y se den cuenta de que ya saben algo sobre el tema.

Los bloques A y B: Los bloques de cada unidad se subordinan a su tema central. Cada uno representa un módulo cerrado en sí mismo. Cada bloque comienza con un texto de presentación que puede ser escrito o auditivo: una entrevista, un diálogo, una estadística, un test, un cuestionario, etc. Este texto se trabaja primero mediante actividades para que los alumnos se concentren en el contenido. Después, vienen actividades para sistematizar un aspecto gramatical o recursos importantes recogidos en los cuadros azules y las notas que los acompañan. Estas fases tienen normalmente un carácter receptivo, con el fin de que el alumno tenga tiempo para asimilar contenidos antes de empezar a producirlos. A continuación, se pasa a la fase productiva mediante actividades más o menos cerradas de diferentes tipos para que los alumnos apliquen activamente el nuevo material.
Al final de cada unidad, una página de **Resumen** recoge los recursos de comunicación y de gramática. Con ello, el alumno tiene una posibilidad de consultar en todo momento los elementos lingüísticos de la unidad. Las referencias en la parte de gramática envían al alumno a la **gramática sistemática** del anexo (págs. 157–178), donde podrá ver los contenidos con mayor detalle.

La mascota **Olivia** aparece a lo largo del manual para explicar ciertos aspectos de la gramática o del vocabulario, para dar consejos o llamar la atención sobre particularidades y excepciones de la lengua.

En los **cuadros azules** se presentan los nuevos recursos comunicativos o gramaticales. A menudo van acompañados por notas que contienen reglas gramáticales o excepciones. Muchas veces los alumnos contribuyen activamente a completar este tipo de cuadros o a deducir y formular una regla. Para excluir toda posibilidad de error, se recomienda comprobar el resultado y corregirlo si es necesario.

Modelo: Se trata de un ejemplo para las actividades orales. Sirve de apoyo para entender mejor el desarrollo de una actividad.

Este lápiz con la indicación de ciertos números se refiere a los ejercicios recomendados del anexo.

Los auriculares preceden a un ejercicio para el que se necesita el CD. En el caso de las unidades temáticas, estos ejercicios se encuentran en los CDs para el profesor que se adquieren independientemente. Para el anexo de ejercicios existe un CD diferente que se proporciona con el libro del alumno.

Actividad de movimiento. Invita a los alumnos a levantarse para hablar entre ellos.

Este símbolo hace referencia a los ejercicios facultativos que se pueden encontrar en el sitio web de *Caminos neu* (www.klett.de) y que se basan en enlaces relacionados con el tema de la unidad.

Al final Tarea final que permite "reciclar" lo aprendido en la unidad reactivando el mayor número posible de recursos lingüísticos. Esta tarea favorece el aprendizaje autónomo de los alumnos y les permite hacerse una idea clara de lo que han aprendido.

Los "revueltos"

Las unidades de repaso, "revueltos", constan de 4 páginas que siguen una misma estructura:
- una página de reflexión sobre el aprendizaje con actividades que llevan a los alumnos a la reflexión sobre cómo aprender una lengua y que contienen consejos y presentan estrategias y técnicas para aprender de forma eficaz
- un juego para repasar los contenidos funcionales de las unidades anteriores y aplicarlos en un nuevo contexto en combinación con información del país en el que el juego se desarrolla. (Las instrucciones de juego se encuentran en la página 238.)
- un cuestionario de autoevaluación para concienciar a los alumnos de lo que han aprendido en las unidades anteriores según los criterios de Marco común europeo de referencia (*Yo sé…*)
- La unidad 12 cuenta además con dos páginas de "reflexión intercultural" que tienen como objetivo el desarrollo de la receptividad del alumno ante la cultura de los países hispanohablantes, trabajando las actitudes positivas respecto a la diversidad cultural, erradicando prejuicios pero también observando y reflexionando objetivamente sobre los propios comportamientos culturales.

Los Rincones profesionales

Cada unidad temática dispone de una sección facultativa dedicada al español para las relaciones profesionales (págs. 95–104), con la que se pretende hacer una introducción en este campo específico que muchos alumnos encontrarán útil para su actividad laboral. En ella, el alumno se familiariza sobre todo con el vocabulario típico y con situaciones comunes en el mundo laboral, mientras que se retoman los recursos gramaticales y en gran parte comunicativos de la unidad correspondiente.

El anexo de ejercicios

El anexo de ejercicios (págs. 107–156) es un complemento que puede utilizarse en clase o bien como soporte para el trabajo individual en casa. Contiene por cada unidad temática unos 20 ejercicios de fijación tanto de vocabulario como de recursos y gramática y para la práctica de la comprensión y expresión escrita. Las unidades destinadas a repaso (4, 8, 12) contienen un test, de los cuales el último es un test final según el modelo del examen para el nivel A2 del Certificado Europeo de Idiomas (pág. 154). Las grabaciones correspondientes se encuentran en el CD incluido en el libro.
Todos los ejercicios están directamente vinculados a las actividades de la unidad correspondiente. Dentro de la unidad, un lápiz le señalará los ejercicios sugeridos. Así, usted puede preparar las clases más cómodamente. Es recomendable hacer determinados ejercicios para fijar lo aprendido antes de pasar a la próxima actividad, pero evidentemente, usted es libre de seleccionar cuáles son los más necesarios y cuáles se pueden dejar, dependiendo de la duración del curso, del tiempo disponible, del nivel de la clase, etc.

Otros componentes

Además del anexo de ejercicios, al final del libro se encuentran las siguientes partes:
- Los ejercicios en parejas basados en un "vacío de información" (págs. 105–106)
- Una gramática sistemática con los contenidos aparecidos a lo largo de las unidades tratados en profundidad. (págs. 157–178)
- Una lista bilingüe de los términos gramaticales utilizados con ejemplos (pág. 179)
- Una tabla de conjugación de verbos regulares e irregulares (págs. 180–186)
- La transcripción de los textos de comprensión auditiva tanto los de las unidades que no están impresos en la lección (págs. 187–199), como los del anexo de ejercicios (págs. 200–203). En estas últimas, cada ejercicio lleva indicado la pista correspondiente en el CD que acompaña al libro
- El vocabulario por unidades (incluidos Rincones profesionales) con su traducción (págs. 204–225)
- Una lista alfabética del vocabulario con traducción. El vocabulario del Certificado Europeo de idiomas para español está marcado en negrita (págs. 226–237)
- Las instrucciones para los juegos de los "Revueltos" (pág. 238)

Los materiales auditivos

Los 2 CDs que se adquieren aparte, grabados por locutores de diferentes países del mundo del español, son imprescindibles para el trabajo con *Caminos neu*, ya que contienen los diálogos del libro del alumno, los textos para los ejercicios de comprensión auditiva y las canciones.
Dada la gran complejidad del código oral, es importante que los alumnos se acostumbren a usar estrategias de comprensión adecuadas. La guía didáctica da información sobre el modo apropiado de escuchar en cada caso. Como en la vida real, la mayoría de los ejercicios presentados requieren una comprensión selectiva, es decir, se trata solamente de "seleccionar" determinada información.
En los ejercicios de comprensión auditiva no se trata de entender cada palabra. Tampoco es necesario, ya que las tareas han sido concebidas para guiar al alumno de tal forma que sea capaz de solucionarlas con éxito sin entenderlo todo. Esto lo motiva y lo acostumbra a la situación real de enfrentarse con la lengua hablada. Por ello, será conveniente que usted restrinja las preguntas adicionales. No se ocupe demasiado de aclarar cada significado, y, en cambio, anime a los alumnos a confiar en el método de aprendizaje sugerido.

La Guía didáctica

La Guía sigue el orden que dicta el manual y ofrece una descripción detallada del desarrollo de cada actividad en clase. Al principio de cada bloque, una tabla anuncia los objetivos gramaticales y funcionales, así como los recursos más importantes.
La estructura de la guía didáctica es la siguiente:
Objetivo: Presenta el objetivo de la actividad.
Para empezar: Propuestas sobre cómo introducir un tema o una tarea.
Procedimiento: Presenta la secuenciación de la actividad.
Solución: Solución o propuesta de solución de los ejercicios del libro del alumno siempre que no se trate de ejercicios de producción libre
Y además: Sugerencias para realizar una tarea de una manera distinta a la propuesta en el libro del alumno o para actividades adicionales.
Información: Información complementaria relacionada con aspectos de cultura o civilización, p.ej., información sobre personajes o lugares famosos del mundo del español o comentarios sobre diferencias interculturales.

Otros materiales adicionales

Lern- und Übungsbuch: Este Manual facultativo de refuerzo ofrece por cada unidad:
- unos 25 ejercicios (con soluciones) para fijar los contenidos de la unidad así como un texto de lectura adicional y un ejercicio para transferir lo aprendido en un contexto profesional.
- una selección del vocabulario más importante ordenado por categorías, acompañado por técnicas para aprender vocabulario.
- una página para repasar los recursos gramaticales de forma activa.

El manual contiene además modelos de test para preparar el examen A2 del Certificado Europeo de idiomas.

Caminos online: En la dirección www. klett.de se encuentra la web de *Caminos neu* que, en secciones para docentes y alumnos, ofrece numerosos materiales como complemento al libro del alumno:
- los docentes podrán encontrar páginas fotocopiables, informaciones prácticas y enlaces a páginas de Internet relacionadas con los contenidos de la unidad. En esta sección se ofrece también un test de nivel para las instituciones educativas.
- Los alumnos encuentran en esta sección, bajo el símbolo del globo terráqueo que aparece en el libro del alumno, tareas sencillas sobre enlaces que tiene relación con lo aprendido en la unidad. Asimismo, podrán descargar de la red tests de autoevaluación para cada unidad.

La concepción didáctica de Caminos neu

Objetivos

La función primaria de una lengua es la comunicación. Con *Caminos neu* los alumnos aprenden la lengua española de hoy como instrumento para recibir y transmitir informaciones, pensamientos, sentimientos, experiencias y opiniones. A través del curso, se pretende que el alumno obtenga una competencia comunicativa que le permita poder desenvolverse en diferentes situaciones de la vida cotidiana así como expresar sus propios intereses y necesidades.
El Marco común europeo de referencia define la competencia competencia comunicativa para el nivel de *Caminos neu 2*, A2:
- Competencia lingüística: conocimiento de recursos formales y capacidad para utilizarlos. Para el nivel A2 se define como un repertorio de elementos lingüísticos básicos que permiten abordar situaciones cotidianas de contenido predecible.
- Competencia pragmática: capacidad de reconocer los principios según los cuales los mensajes se organizan, se estructuran y se ordenan a nivel elemental (frases bien ensayadas y memorizadas, utilizando los conectores más frecuentes)
- Competencia sociolingüística: capacidad de reaccionar adecuadamente en una situación comunicativa ya que todo acto de comunicación lleva consigo una serie de factores culturales. El alumno debe, por tanto, saber desenvolverse en las relaciones sociales con sencillez utilizando las expresiones más sencillas y habituales.

Enfoque temático

Caminos neu ha sido concebido a partir de un enfoque temático. La organización de contenidos está supeditada al tema de la unidad y estos han sido elegidos teniendo en cuenta a un público adulto (a partir de 16 años). Los textos presentan informaciones auténticas, tienen un contenido motivador y relevante de acuerdo a sus intereses, y a la vez son comprensibles en el nivel de los alumnos. Las tareas que los acompañan facilitan la comprensión.
El enfoque temático facilita una mejor retención de contenidos gramaticales, léxicos y discursivos, ya que el cerebro archiva más facilmente campos temáticos que elementos lingüísticos aislados. Al final de una unidad que trata diferentes aspectos de un tema, el alumno tiene la sensación de dominar el mismo en su nivel.

Los textos en Caminos neu: una amplia oferta de léxico

Los textos aparecen en una forma auténtica, aún cuando estén adaptados al nivel de principiantes. Esto quiere decir que un artículo de periódico, por ejemplo, tiene el aspecto y contenido que tendría en realidad. Para favorecer el proceso de aprendizaje, los textos que se ofrecen a los alumnos tienen por un lado un nivel un poco más elevado que el de sus conocimientos para crear el deseo de aprender algo nuevo; por el otro están acompañados de tareas factibles. Así, se ofrecen actividades previas para reactivar conocimientos antes de pasar a la comprensión lectora o auditiva. Otras actividades tienen el objetivo de guiar al alumno hacia el modo adecuado de comprensión (global, selectiva, detallada): se le invita a usar su conocimiento del mundo, su lengua materna, el contexto y su imaginación para llegar a entender la idea general de un texto o para sacar determinadas informaciones.

Introducción

En *Caminos neu*, las cuatro destrezas se encuentran plenamente integradas, partiendo de las destrezas receptivas (escuchar y leer) hacia las productivas (hablar y escribir). Una mención especial en este sentido merecen las destrezas receptivas. Estas juegan un papel predominante en el proceso de aprendizaje, ya que son la base para toda adquisición de lengua, incluso la lengua materna. Por eso, es esencial que los alumnos desarrollen una competencia receptiva antes de pasar a la producción y se tomen el tiempo necesario para asimilar los nuevos modelos lingüísticos antes de pasar a producirlos.

Las actividades en Caminos neu: una comunicación real

Muchas actividades están basadas en tareas que llevan a la comunicación usando la lengua meta. Según el concepto moderno de comunicación, esta se caracteriza por dos aspectos:

- En la comunicación, el contenido es siempre lo más importante: la enseñanza de un idioma tiene que capacitar al alumno para decir lo que realmente quiere decir y no para repetir mecánicamente frases hechas. Para ello *Caminos neu* le ofrece una amplia paleta de recursos que serán usados según las preferencias o necesidades individuales.
- Comunicación significa interacción y tiene siempre un objetivo: en *Caminos neu* se sugieren actividades varias para que los alumnos trabajen en grupos o en parejas. Así encuentran a diferentes interlocutores en la práctica oral. Esto permite una dinámica interactiva y se proporcionan varias oportunidades para hablar, ya que la comunicación no se limita al diálogo con el profesor.

Un ejemplo de esta forma de trabajo son las tareas en las que los alumnos tienen que encontrar a alguien de la clase con determinadas características (p. ej., *alguien que hable dos idiomas extranjeros*). En estos casos, el objetivo no-lingüístico (obtener ciertas informaciones) crea una situación comunicativa auténtica, ya que se usa la lengua (es decir, los recursos que se quieren practicar, en este caso la pregunta *¿Cuántos idiomas extranjeros hablas?*), con un objetivo concreto.

Estrategias y técnicas de aprendizaje en Caminos neu: aprender descubriendo

Los alumnos aprenden sobre todo a actuar en la lengua extranjera y no adquieren un conocimiento lingüístico sobre ella. Por eso, en *Caminos neu* la gramática se ve como un medio para conseguir competencia comunicativa, nunca como un fin en sí mismo. El alumno contribuye activamente a la formulación de reglas, completa paradigmas verbales, etc. En suma, se le incita a implicarse en el proceso de aprendizaje: aprende la lengua usándola. Esta participación activa contribuye a fijar contenidos más efectivamente que repetir modelos dados. Además, se proponen técnicas para facilitar su proceso de aprendizaje. En las unidades de repaso, el alumno tendrá la oportunidad de tomar conciencia de su manera de aprender y de observar y evaluar su propio proceso de aprendizaje.

La interculturalidad: lo propio y lo ajeno

En toda lengua se expresa una cultura, esto es, una forma de ver el mundo, una serie de costumbres y rituales, además de aspectos como la literatura, el arte, la historia, etc. En *Caminos neu* se refleja esta cultura cotidiana a través de los textos y del material visual. El alumno puede reconocer las diferencias desde su propio marco cultural, y al mismo tiempo se le anima a que exprese sus experiencias, su cultura, para que pueda entender mejor la ajena.
Por otra parte, dado que el mundo del español lo conforman tantas regiones diferentes, se irá sensibilizando al alumno para que reconozca esta diversidad y sea capaz de reaccionar adecuademente, evitando prejuicios y posibles malentendidos. *Caminos neu* le confronta con otros sistemas de comportamiento y de valores para invitarlo a la reflexión y a un diálogo auténtico.

El papel del docente y del alumno

En *Caminos neu* el protagonista no es ni el libro ni el docente: es el alumno mismo. Lo que se pretende es que participe activamente en la clase. Por eso, se han buscado temas que le motiven y le interesen y textos relevantes y actuales. *Caminos neu* se organiza en torno a tareas que siempre exigen su participación, ya sea descubriendo reglas o recursos, trabajando en parejas o en grupos, leyendo, escuchando, jugando, etc.
Uno de los objetivos principales es que el alumno aprenda a ser autónomo. Esto se consigue activando sus conocimientos previos (lengua materna, conocimiento del mundo, eventualmente otras lenguas), dándole posibilidades para que reflexione sobre su modo de aprender, consejos para aprender más eficazmente y estrategias de aprendizaje como deducir por el contexto, predecir contenidos, etc. En suma, obligándole a no ser un consumidor pasivo que archiva solamente la información.
La tarea fundamental del docente es la de organizar y controlar el proceso de aprendizaje de manera que los alumnos encuentren su propio camino: tiene que acompañarles como consejero y experto y no como

el depositario de toda la información. Finalmente, debe crear un ambiente de confianza y de intercambio en la clase que fomente la participación activa de los alumnos.

Recomendaciones útiles para trabajar con *Caminos neu*:
- Cuando trabaje con textos, limítese a seguir las tareas que se proponen ya que están elaboradas con un determinado fin.
- Pregunte a la clase las palabras que han entendido. Esto da mayor sensación de éxito que preguntar por lo desconocido.
- Anime a los alumnos a usar lo que conocen (conocimiento del tema, deducir por el contexto) y a hacer suposiciones.
- Convenza a los alumnos de que no hay que entenderlo todo para tener éxito. Este reside en ser capaz de realizar las tareas que se piden.
- Convenza a los alumnos de que no hay que esperar a expresarse en el nuevo idioma hasta que uno esté muy seguro. Es mucho mejor experimentar e intentar expresarse aún cometiendo errores.

El paso de Caminos 1 a Caminos neu 2

Después de *Caminos 1* (versión antigua) se puede empezar a trabajar con el segundo tomo de la nueva versión, incluso si los alumnos ya tienen más nivel del exigido para comenzar con el nuevo libro. De hecho, aunque algunos contenidos de las unidades 13–16 de *Caminos 1* se han retomado en *Caminos neu 2*, no por ello se tendrá la sensación de que se repiten las mismas unidades, ya que los elementos viejos se reparten en 6 nuevas unidades y se han combinado con otros nuevos.
Es posible, eso sí, renunciar a algunos textos o reutilizar ejercicios como tareas de repaso.
Nuestra recomendación en concreto para las 6 primeras unidades de *Caminos neu 2*:

Unidad 1 (con partes de la antigua unidad 14)
Página introductoria: preguntar a los alumnos qué recuerdan de la unidad 14 y qué es nuevo.
Pág. 10: utilizar para repaso de vocabulario (vivienda y muebles). El ejercicio de comprensión auditiva (1b) es nuevo.
Pág. 11: nueva, excepto el ejercicio 4, que se puede dejar de lado
Págs. 12–13: nuevas
Pág. 14: dejar de lado
Pág. 15: se puede hacer el ejercicio 2 para repasar el imperfecto, el resto es nuevo.

Unidad 2 (con partes de la antigua unidad 14)
Página introductoria: nueva
Pág. 18: nueva
Págs. 19/20: dejar de lado. El cuento de Caperucita se puede utilizar como repaso
El resto de la unidad es nuevo.

Unidad 3 (con partes de la antigua unidad 13)
Página introductoria: utilizar para repaso, el material auditivo es nuevo
Pág. 26: nueva
Pág. 27: nueva, aunque el contenido es similar al de la antigua unidad 13: se puede utilizar como repaso del imperativo.
Pág. 28: según el interés de los alumnos se puede dejar de lado o preguntar, por ejemplo, qué les recuerdan las fotos.
El resto de la unidad es nuevo o procede del antiguo segundo tomo.

Unidad 4 (nueva)

Unidad 5 (con partes de la antigua unidad 15)
Página introductoria: nueva
Págs. 38–41: nuevas (Aunque ya conocen el condicional, aquí se ve en un contexto nuevo.)
Pág. 42: utilizar para repaso
Pág. 43: dejar de lado el ejercicio 6

Unidad 6 (con partes de la antigua unidad 13)
Págs. 45–48: nuevas o del antiguo *Caminos 2*
Págs. 49/50: dejar de lado o utilizar como repaso
Pág. 51: nueva

A partir de aquí ya no hay solapamientos con los contenidos de *Caminos 1*, versión antigua.

Nota del editor:
En esta Guía se usa la forma masculina en las referencias a colectivos por razones de espacio y legibilidad.

Para conocernos un poco

1 Los nombres.

a) Marisela Álvarez se presenta.
Objetivo: Comprensión lectora global y selectiva. Hablar de los nombres propios.
Procedimiento: Lea el texto en voz alta y deje que los alumnos lo lean al mismo tiempo.
Aclare con ellos las dudas que se les presenten y pregúnteles, a continuación, si creen que a Marisela le gusta su nombre y cómo lo expresa en el texto. Pregúnteles también por qué se llama Marisela.

b) ¿Hay alguna tradición en su familia...?
Objetivo: Práctica libre personalizada para hablar sobre las tradiciones de los nombres.
Procedimiento: Pregunte en el pleno por las tradiciones del entorno sociocultural, geográfico y familiar de cada alumno.
Deje que intervengan todos los alumnos y ayúdeles a expresar sus ideas.
Y además: Mencione las tradiciones hispanas de ponerles a los hijos el nombre de los padres o de otros familiares, de los santos del día, de nombres de moda (de gente del espectáculo, por ejemplo), de los patrones de la ciudad o del pueblo en el que nacieron, etc.

2 Presentaciones.

a) En parejas. Pregunte a su compañero/a...
Objetivo: Interacción oral para hablar de los nombres propios.
Para empezar: Quizás para personas de determinadas culturas o religiones sea necesario aclarar el concepto de *santo* y del segundo nombre o nombre compuesto (María Teresa o Juan Manuel).
Procedimiento: Divida la clase en parejas. Cada alumno le hace al otro las preguntas propuestas en el libro. Aconséjeles que tomen notas mientras habla su compañero.
Muévase por la clase escuchando lo que dicen los alumnos. De esta forma, los alumnos se empezarán a acostumbrar a este hábito que se repetirá durante el curso. Hágalo de una manera discreta y sin provocar distracción.

b) En parejas. ¿Correcto o falso?
Objetivo: Formular frases personales.
Procedimiento: En las mismas parejas que en la actividad anterior, cada uno escribe sus frases correctas y falsas y el otro intenta adivinar qué es cierto y qué no lo es. Luego, se cambian.
Supervise el trabajo de producción escrita de los alumnos para que no haya incomprensión por culpa de algún error.

c) Presentaciones en grupos.
Objetivo: Introducción de expresiones para presentar y reaccionar a una presentación. Interacción oral en pequeños grupos para presentar al compañero y hablar de él.
Procedimiento: Escriba las expresiones del cuadro para presentar a alguien y para reaccionar. Distinga entre expresiones para una presentación formal y para una informal. Puede ser un buen momento para establecer el tipo de registro y de trato que se va a emplear en la clase. Analice el contexto, el tipo de alumnos y el grado de confianza que pueden adquirir entre ellos y con usted. Decida entonces si emplea *usted* o *tú*.
Haga un ejemplo de presentación con cada situación utilizando expresiones distintas.
A continuación, cada pareja anterior se sienta con otra pareja. Un compañero presenta a su pareja a los otros dos y les cuenta todo lo que sabe de ella.

Vivir, antes y hoy

Página introductoria

a) ¿Conoce viviendas como estas?
Objetivo: Introducción al tema de la unidad: la vivienda.
Procedimiento: Pídales a los alumnos que observen las fotografías de las diferentes viviendas. Introduzca el término *vivienda* señalando las distintas fotografías de esta página. Pregúnteles si han visto alguna vez ese tipo de viviendas (una casa de un pueblo blanco, una casa colonial, bloques de edificios y cuevas habitadas) y dónde. Si no las han visto, anímeles a imaginar dónde se pueden encontrar, en qué país, región geográfica o ciudad.

b) Complete los textos.
Objetivo: Completar pequeños textos.
Introducción de vocabulario relativo a la vivienda.
Procedimiento: Pida a los alumnos que lean los textos que acompañan a las fotografías y que los completen con las frases de 1–4. Aclare, si es necesario, algunos términos que pueden presentar problemas, como *fachada*, *edificio*, *los alrededores*, *barrio*, etc. No debe de ser difícil resolver el ejercicio gracias al contexto y a la ayuda de las fotos. Para comprobar los resultados, pídales que en parejas comparen los textos y que cada pareja lea un texto en el pleno.
Solución: 1. casa colonial; 2. casa blanca; 3. casa cueva; 4. edificios altos (bloques).

A. Se alquila piso

Objetivos:
- Describir viviendas
- Pedir información para alquilar una vivienda
- Hablar de diferentes modos de vivir
- Hablar de acciones ocurridas en el pasado

Recursos:
salón / dormitorio / cocina / terraza / bañera ■ *Mi casa / piso es ... / Mi cocina tiene un balcón. / La mía no.* ■ *Se alquilan dos habitaciones. / ¿Cuándo está libre? / ¿Está incluida la limpieza...? / ¿Cuánto es el alquiler por mes? / ¿Está bien comunicado con el centro? / ¿Da a la calle?*

Gramática:
- Los pronombres posesivos tónicos
- El pretérito indefinido irregular

1 El piso de la familia Romero.

a) Un piso amueblado.
Objetivo: Presentar el vocabulario relativo a la vivienda.
Para empezar: Explique a los alumnos el significado de la palabra *piso* en sus diferentes acepciones: planta de un edificio (*Vivo en el primer piso*: "Stockwerk") y vivienda en un edificio (*Tengo un piso en Madrid:* "Wohnung").
Procedimiento: Aclare primero la situación: La familia Romero está buscando piso. Pida a los alumnos que observen el plano de uno de los pisos en los que está interesada la familia y que relacionen las palabras con cada objeto o habitación. Las palabras no son muy difíciles y las podrán deducir fácilmente, pero si hay alguna pregunta sobre vocabulario, explique las que sean necesarias.
Recuérdeles que existen diferentes términos en el mundo hispano para referirse a los muebles y a las

habitaciones de la casa. Por ejemplo, *nevera, habitación* o *salón* en España, pero *refrigeradora* o *heladera, cuarto* o *pieza* y *sala* o *living* en Latinoamérica. Para comprobar el resultado, haga una cadena preguntando por cada palabra sin número. Empiece usted preguntando a un alumno *¿Dónde está el salón?* El alumno responde, por ejemplo, *(El salón) Está entre la terraza y el comedor. Es el número 4.* A continuación, este alumno pregunta a otro y así sucesivamente. Puede, si quiere, hacer una transparencia del plano y proyectarla para escribir el número en cada círculo a medida que los alumnos ofrecen la solución u ofrecer la transparencia resuelta para una comprobación final.
Solución: Salón (4); sofá (3); sillón (2); televisor (5); comedor (8); mesa (6); silla (7); terraza (1); dormitorio (19); cama (18); armario (13); bañera (14); cocina (12); nevera (11); puerta (10); ventana (20); baño (17); lavabo (16); ducha (15); lavadora (9).
Y además: Propóngales a los alumnos un pequeño juego. Piense usted en un objeto, por ejemplo, una pelota de tenis y dígales que la pelota está escondida en el piso del plano. Los alumnos tienen que averiguar dónde está por medio de preguntas, pero usted sólo puede contestar *sí* o *no*. De esta forma pueden repasar las preposiciones y adverbios de lugar y activar el vocabulario aprendido.

b) La llamada de Margarita Romero... 1;1
Objetivo: Comprensión auditiva selectiva.
Procedimiento: Dígales a los alumnos que van a escuchar una conversación telefónica en la que Margarita Romero le describe a una amiga el piso que han alquilado, pero la información que ofrece es diferente a la del plano del ejercicio anterior. Ponga la audición una vez para que se familiaricen con las voces y el diálogo. Póngala una segunda vez para que identifiquen la información deseada. Pregunte en el pleno cuál es la información que no se corresponde con el plano.
Solución: En el plano sólo hay dos dormitorios. La cocina del plano no tiene balcón. En el piso del plano hay ducha.

2 Partes y mobiliario de la casa.

a) Ordene las palabras.
Objetivo: Fijar el vocabulario adquirido.
Procedimiento: Los alumnos tienen que clasificar las palabras del plano en las dos columnas, *partes de la casa* o *muebles y aparatos*. De esta forma, memorizarán mejor el vocabulario. Para comprobar la solución, escriba en la pizarra las dos columnas y pida a cada alumno que diga una palabra.
Solución: *Partes de la casa*: salón, comedor, terraza, dormitorio, cocina, baño. *Muebles/aparatos*: sofá, sillón, televisor, mesa, silla, cama, armario, ventana, nevera, puerta, lavadora, lavabo, ducha.
Y además: Pregúnteles si pueden ampliar la lista con otras palabras que ellos conozcan. Si algún alumno desconoce el significado de alguna palabra introducida, pídale al que la haya dicho que la explique informando de qué hay en ella (si es una parte de la casa) o dónde está (si es un mueble o un aparato).

b) ¿Dónde tiene usted estos objetos?
Objetivo: Práctica oral personalizada del vocabulario relativo a objetos y partes de la casa.
Procedimiento: Pregunte a los alumnos dónde tienen los objetos dados. Para poner un ejemplo, usted puede decir *Yo tengo el teléfono en el salón* o *Mi teléfono está en el salón*. Deles unos minutos para que lo piensen y luego, en grupos de tres o cuatro pueden intercambiarse la información. Recuérdeles que si no tienen algunos de esos objetos, tendrán que decir, por ejemplo, *(Yo) No tengo teléfono*.
Explique palabras desconocidas diciendo dónde se pueden encontrar y para qué sirven. Por ejemplo, la aspiradora: *Está en un armario en la cocina y limpiamos la casa con ella.*
Al final, pida que un alumno diferente diga su frase sobre cada uno de los objetos.

c) ¿Dónde hace estas actividades?
Objetivo: Práctica oral personalizada. Activar vocabulario relativo a las partes de la casa.
Procedimiento: Pregúnteles en el pleno dónde hacen las actividades que aparecen en el libro. Ejemplifíquelo primero usted con un alumno.
Y además: Una variante de este ejercicio sirve para practicar reacciones en un contexto auténtico: Pregunte a un alumno dónde plancha, por ejemplo. Reaccione con algo diferente para presentar *pues*, que introduce información distinta a la de otras personas. Por ejemplo: *Yo plancho en mi dormitorio*. Y usted puede decir: *Pues yo plancho en la cocina*. Intente que cada alumno responda y los demás reaccionen contrastando la información.

3 En parejas. ¿Qué diferencias hay?

Objetivo: Actividad de vacío de información para describir una habitación. Presentar los pronombres posesivos tónicos.
Procedimiento: En parejas, cada alumno tiene un dibujo de una habitación. Las habitaciones son similares pero tienen algunas diferencias en los objetos dados. Si es necesario, repase con ellos antes el nombre de los objetos.
El alumno A tiene el dibujo de esta página, el alumno B, el de la página 105. Pídales que observen las

habitaciones detenidamente porque a continuación las van a comparar.
Antes recuerde las formas de los adjetivos posesivos y ofrezca un cuadro de relaciones: *mi–mío/-a/-os/-as*... Explique que los pronombres posesivos sustituyen al objeto al que se refieren y que necesitan el artículo determinado delante. Recuerde que ambos, artículo y pronombre posesivo, tienen el mismo género y número de la palabra que sustituyen, como en los ejemplos propuestos.
Los alumnos comparan sus habitaciones siguiendo el modelo que se ofrece.
Pida, por último, a cada pareja que ofrezca algún resultado de la comparación. Por ejemplo, *Mi armario tiene cuatro puertas, el suyo, dos*. De esta forma, practican más formas de los posesivos además de las de la primera persona.
Solución: En la página 11, el armario tiene cuatro puertas, el otro, dos. La cocina está a la izquierda, a la derecha en el otro dibujo. Hay cuatro platos en la mesa, en el otro dibujo, tres. Las sillas están delante de la mesa, en el otro, detrás. El sofá y los sillones son verdes en la página 11, y rojos en la 105. Sobre el sofá hay un periódico en el dibujo de A, en el de B un sombrero.
Y además: Una posible variante, si ve a los alumnos capacitados, es animarles a preguntarle al compañero por algunos de los ítems de la siguiente forma, por ejemplo, *Mi armario tiene cuatro puertas, ¿y el tuyo?* De esta manera, practicarán en un diálogo auténtico los posesivos de la primera y la segunda persona del singular.

4 ¿Cómo es su casa o piso?

Objetivo: Práctica interactiva personalizada. Describir una vivienda.
Procedimiento: Pregunte dónde viven los alumnos, si en una casa o en un piso, y pídales entonces que dibujen un plano con las habitaciones y las partes de la casa. A continuación, de dos en dos, uno describe su vivienda mientras el otro dibuja un plano de la misma. Y viceversa. Al final, cuando terminan, comprueban que el plano que han dibujado se corresponde con la descripción de su compañero. Pueden también comentan las diferencias entre sus viviendas.
Y además: Si es necesaria otra práctica adicional, se pueden intercambiar los planos con otras parejas para hacer otras descripciones de otras casas o pisos. Para reunir todo el vocabulario aprendido, propóngales finalmente hacer un mapa semántico de la casa, que se extiende en habitaciones y a su vez en objetos y mobiliario.

5 Anuncios inmobiliarios.

a) Anuncios en el periódico.

Objetivo: Comprensión lectora selectiva. Familiarizarse con anuncios inmobiliarios por palabras. Introducir términos de lenguaje inmobiliario.
Para empezar: Fotocopie los anuncios, recórtelos y repártalos. Pregúnteles si reconocen ese tipo de texto y si saben dónde aparece. Explique el término *anuncio* o *anuncio por palabras* que aparecen en la sección de anuncios de un periódico.
Procedimiento: Pida a los alumnos que, individualmente, lean todos los anuncios y marquen las palabras que entiendan. A continuación, pregúnteles si saben cuáles son las palabras que se refieren a "möbliert", "zentral gelegen", "Wohngemeinschaft" y "zur Straße". Compruebe en el pleno que las respuestas son correctas. Si algún alumno desconoce alguna otra palabra (urbanización, alquilar, chalet, calefacción, inmobiliaria, ascensor), pregunte al resto de la clase y pídales que las expliquen. Si no pueden explicar todas así, hágalo usted.
Solución: möbliert: amueblado; zentral gelegen: céntrico; Wohngemeinschaft: piso compartido; zur Straße: exterior.
Y además: Si ve que su clase está preparada, tal vez puede llevar periódicos españoles para que lean más anuncios inmobiliarios y amplíen el vocabulario.

b) Escuche este diálogo. 1;2

Objetivo: Comprensión auditiva selectiva. Introducción de recursos para pedir información sobre una vivienda.
Procedimiento: Explique que van a escuchar un diálogo entre la dueña de uno de los pisos de los anuncios y una persona que se interesa por él. Ponga la audición una vez sin ningún objetivo más que el de escuchar el diálogo. Póngala una segunda vez y pídales que identifiquen el anuncio del que se habla en la audición. Para ello, primero pueden tomar nota si quieren de la información referida a la descripción de la vivienda. Pregunte en el pleno cuál es el anuncio al que se refiere la conversación y qué información se refleja en el anuncio, por ejemplo, *Para cinco personas*.
Solución: El piso de Marbella.

6 Se alquila piso.

Objetivo: Práctica escrita individualizada. Redacción de un anuncio. Práctica oral interactiva. Sistematización de los recursos para pedir información sobre una vivienda.
Procedimiento: Los alumnos tienen que redactar un pequeño anuncio de sus pisos o casas. Para ello, pueden reutilizar los términos aparecidos en los anuncios anteriores u otros con su ayuda. Anímeles

a hacerlo, como en la realidad, en el menor número de palabras posibles. Revise usted los anuncios y asegúrese de que son comprensibles.
Como preparación para el paso siguiente, pida a los alumnos que lean las preguntas y piensen en qué deben responder. Luego, en parejas, intercambian los anuncios y se hacen preguntas como las del cuadro u otras que se les ocurran.
Al final, puede colgar los anuncios en un tablón para que todos los puedan leer.

7 Modos de vivir.

a) Mostrando fotos del álbum familiar.
Objetivo: Comprensión lectora selectiva. Formular hipótesis sobre el contenido del texto partiendo de unas fotos. Sensibilizar a los alumnos sobre otros modos de vivir: la vida en las cuevas.
Para empezar: Llame la atención sobre las fotos que aparecen en el libro y que reflejan un modo de vida muy particular: las cuevas habitadas. Pregúnteles cómo se imaginan la vida allí y si conocen algún lugar en el que la gente viva en cuevas.
Procedimiento: Los alumnos observan las fotos para anticipar qué información puede aparecer en el diálogo siguiente. En este diálogo, Luisa cuenta un poco de la vida de su familia. Déjeles que lean el texto en silencio y dígales que no se preocupen por conocer todas las palabras, sólo las que les permitan obtener la información requerida.
Para comprobar las hipótesis, pregunte en el pleno y pídales que confirmen sus respuestas con la información del diálogo.
Solución: Correcto: La familia de Luisa es muy grande. Sus tíos viven en una casa nueva. Incorrecto: Vive en un pueblo en Perú. La casa es húmeda y oscura.

Información:
Guadix: Capital de la comarca del mismo nombre en la provincia de Granada, en la que se encuentra la mayor concentración de cuevas de Europa y donde actualmente viven más de 3.000 familias.
Sierra Nevada: El Parque Nacional de Sierra Nevada y Reserva de la Biosfera de la UNESCO tiene 171.643 hectáreas. Se encuentra al sur de la comarca de Guadix. El Mulhacén, con 3.482 metros, es el pico más alto de la Península Ibérica.
Manresa: Población industrial de unos 70.000 habitantes y capital de la comarca del Bages, se encuentra a unos 60 km de Barcelona (Cataluña).

b) Conteste estas preguntas sobre el texto.
Objetivo: Comprensión lectora global.
Procedimiento: Pida a los alumnos que lean de nuevo el texto para responder las cinco preguntas. Compruebe las respuestas preguntando a diferentes alumnos.
Solución: La temperatura se conserva bien; La abuela tuvo que trabajar mucho; Se fueron a Cataluña porque fue una época muy dura; No, no se adaptó con facilidad. Se puso enferma y tuvo que volver al pueblo; Sí, todavía existe.

c) ¿Qué verbo es?
Objetivo: Identificar las formas del pretérito indefinido haciendo una búsqueda selectiva en el texto.
Procedimiento: De nuevo, los alumnos tienen que revisar el texto, esta vez para localizar las formas del pretérito indefinido. Pueden comparar los resultados de su búsqueda en grupos de tres, y juntos pensar en los infinitivos de esas formas de indefinido. A continuación escriba en la pizarra todas las formas de indefinido del texto y pida a los grupos que digan cuáles son los infinitivos. Cuando estén todos en la pizarra, pregúnteles cuáles creen que son regulares y cuáles irregulares.
Solución: Vivió: vivir; nació: nacer; vivieron: vivir; murió: morir; se quedó: quedarse; tuvo: tener; hizo: hacer; montó: montar; fue: ser; se fueron: irse; encontraron: encontrar; se puso: ponerse; tuvo: tener; fue: ser; pudo: poder; hizo: hacer; estuvo: estar.

d) Formas irregulares del indefinido.
Objetivo: Sistematizar las formas del pretérito indefinido irregular.
Procedimiento: Escriba la forma del indefinido del verbo *poder* en la pizarra y marque bien las terminaciones, con otro color o subrayadas. A continuación, ponga el resto de las raíces de los verbos del cuadro con la terminación a un lado (como se muestra en el libro).
Llame la atención sobre la terminación, pues es regular y sirve para todos estos verbos irregulares en indefinido. De esta manera, aprendiendo la irregularidad de la raíz y la terminación común, sabrán cómo se forman todos.
Comente las particularidades de los verbos *hacer* (*hice*), *dar* (que tiene una conjugación propia ligeramente diferente), *ver* (es igual que *dar* pero cambia la *d* por la *v*) y *decir* (*-eron* en lugar de *-ieron*). Anime a los alumnos a completar las formas de estos verbos que aparecen en la nota.
Y además: Practique con los alumnos las formas verbales en una cadena. Diga usted primero, por ejemplo, *decir*, *tú*, y el alumno responde *dijiste*. Despues este continúa con un compañero diciéndole un verbo y la persona.

8 Una entrevista en parejas.

Objetivo: Práctica interactiva oral del pretérito indefinido. Hablar de experiencias personales.

Procedimiento: Asegúrese de que comprenden las expresiones propuestas. En parejas, los alumnos se preguntan los unos a los otros cuándo hicieron esas actividades por última vez. Por ejemplo, *¿Cuándo compraste muebles por última vez?* Para evitar que los alumnos utilicen el pretérito perfecto, ya que no es el objetivo del ejercicio practicar la alternancia de estos dos tiempos, es importante decirles que respondan sólo con la época, por ejemplo, *En Navidad*. Los alumnos se alternan, uno pregunta y el otro contesta, y viceversa. Anime a que los alumnos usen *¿Y tú?* como reacción después de facilitar la respuesta. Intente comprobar el resultado de las conversaciones moviéndose alrededor de las parejas. Si hay algún tipo de error, anótelo y coméntelo al final en el pleno.
Y además: Puede pedirles que cada alumno informe al resto de la clase de algunas actividades de su compañero. Así, practicarían la tercera persona del pretérito indefinido.

9 Viviendas en Europa. 1;3

Objetivo: Comprensión auditiva selectiva.
Para empezar: Pregunte a sus alumnos si han vivido en el extranjero alguna vez y, si es así, si recuerdan alguna diferencia en las casas o en los modos de vivir comparados con los de su país.
Procedimiento: Los alumnos van a escuchar a cuatro personas hablando de sus experiencias en el extranjero, en particular de algunas diferencias que encontraron y que se refieren a los cuatro dibujos que se presentan (en el mismo orden que en la grabación). En la primera audición, los alumnos se limitan a escuchar para captar los países de los que se hablan. Póngala una segunda vez para que escuchen qué diferencias encontró cada persona, pero pause cada fragmento. Cada alumno toma nota de esa información y luego la compara con la de su compañero. Al final, se resuelve en el pleno.
Solución: Países: España, Inglaterra, Holanda y Alemania. Diferencias: En España los timbres no tienen los nombres; las chimeneas son eléctricas en Inglaterra; en Holanda no hay cortinas en las ventanas; en Argentina no hay sótanos.

B. ¿Cómo era antes?

Objetivos:
- Describir situaciones y hábitos pasados
- Hablar de cambios a lo largo del tiempo

Recursos:
Cuando era pequeño/-a... / Antes... / En esa época no había luz / Hoy todo el mundo tiene televisión.

Gramática:
- El pretérito imperfecto de indicativo regular e irregular

1 Pals, un pueblo reconstruido.

a) Pals, un pueblo antiguo reconstruido.
Objetivo: Preparar la lectura del texto.
Para empezar: Recuerde con los alumnos los tipos de vivienda que han visto hasta ahora (casas de pueblos blancos, bloques de edificios, cuevas, casas coloniales, pisos, chalet, apartamento). Coménteles que van a leer ahora acerca de una nueva forma de vivir: en un pueblo reconstruido.
Procedimiento: Pregúnteles si les gusta el pueblo de la foto y por qué sí o por qué no, y si conocen pueblos antiguos o reconstruidos como Pals.

Información:
Pals: Este pueblo de la provincia de Girona (Cataluña) resultó seriamente dañado durante la Guerra Civil española, en especial su parte gótica. Su reconstrucción empezó en 1948 y no terminó hasta 30 años más tarde. En la actualidad tiene 2.000 habitantes, y es una de las poblaciones más atractivas de la región del Bajo Ampurdán.

b) Lea el texto y marque las actividades.
Objetivo: Comprensión lectora detallada.
Procedimiento: Explique que el texto que van a leer describe cómo era la vida en ese pueblo en el pasado. Lea el texto pausadamente para que los alumnos lo puedan seguir mientras ellos lo leen. Explique aquellas palabras que dificulten la lectura. Déjeles unos minutos para buscar en el texto actividades que hoy en día son diferentes. En el pleno, pregúnteles por las actividades que han encontrado y anótelas en la pizarra. Le servirán para ilustrar la actividad c).
Solución: Las casas eran muy pequeñas y oscuras; Tenían puertas y ventanas muy estrechas; No había calefacción; Toda la familia dormía en la misma habitación; Tenían pocos muebles, y todo era muy sencillo; Se cocinaba sobre el fuego; No había agua

corriente; Las mujeres sacaban el agua de un pozo y lavaban la ropa en el río; Muchos habitantes trabajaban en el campo, se levantaban con el sol y se acostaban muy pronto; No había luz eléctrica.

c) Compare con la vida de hoy.
Objetivo: Práctica oral para comparar el presente con el pasado.
Procedimiento: Pida a los alumnos que piensen en diferencias con respecto al pasado tal como se describe en el texto de Pals. Como tienen las actividades del pasado en la pizarra, pueden fijarse en ellas para pensar en los cambios, como en el modelo. Deje que intervengan todos los alumnos en cadena y pídales que piensen en otras cosas que son diferentes en la actualidad usando *hoy*, *en la actualidad*, *actualmente*, *ahora*.

d) ¿Puede imaginarse vivir...?
Objetivo: Práctica oral personalizada.
Procedimiento: Primero, pregunte si alguno vive o ha vivido en una casa antigua. Como el término *antiguo* es muy subjetivo, si alguno dice que sí, pregúnteles cuántos años tiene la casa. Tal vez si hay alguien que sí vive o ha vivido en una casa antigua, puede exponer cómo es la vida en ella. Si no, pídales que se lo imaginen y si les gustaría o no y por qué. Puede hacerlo de forma individual o dividir la clase en pequeños grupos de 3 ó 4 alumnos para que se expresen con más comodidad. En ese caso controle la producción y anote los posibles errores para discutirlos en el pleno.

e) En el texto hay un nuevo tiempo...
Objetivo: Introducción del pretérito imperfecto haciendo una búsqueda selectiva en el texto.
Procedimiento: Los alumnos revisan el texto para localizar las formas del pretérito imperfecto. Pregunte por las formas o bien haga una transparencia del texto de Pals y pida que salgan los alumnos para marcar las formas del imperfecto y así hacer una comprobación general.
En la pizarra, escriba las formas regulares del imperfecto (verbos *cocinar* y *vivir*). Los alumnos pueden intentar deducir el infinitivo de los imperfectos del texto. A continuación, escriba el imperfecto de los verbos *ser*, *ir* y *ver* y dígales que sólo hay estos tres irregulares. Subraye que el imperfecto de *hay* es *había*.
Intente que los alumnos deduzcan el uso del imperfecto partiendo de los ejemplos del texto. Si ellos no lo deducen, puede decir que se usa para describir personas o cosas, acciones habituales y circunstancias en el pasado. Pida entonces que pongan ejemplos del texto para esos usos. Por ejemplo, descripción de cosas: las casas eran muy pequeñas y oscuras; descripción de circunstancias: no había calefacción; descripción de acciones habituales: toda la familia dormía en la misma habitación.
Solución: Vivía; eran; tenían; había; dormía; tenían; era; cocinaba; había; sacaban; lavaban; trabajaban; se levantaban; se acostaban; había.

2 Un autor famoso.

Objetivo: Práctica oral para fijar el pretérito imperfecto. Buscar diferencias.
Para empezar: Pregunte a los alumnos si conocen a Miguel de Cervantes, si saben quién fue y qué hizo. Si no lo saben, explíquelo con la información que aparece más abajo y haga énfasis en que vivió entre los siglos XVI y XVII.
Procedimiento: Primero, los alumnos observan el dibujo y toman notas de las cosas que no son de la época de Cervantes (vaqueros, zapatillas de deporte, papelera, nevera, televisión, radiocasete, calefacción, aspiradora, Coca-Cola, bicicleta, luz eléctrica, patatas fritas). Después, en cadena, cada alumno dice lo que ha encontrado según el modelo, pero el siguiente alumno no puede repetir el verbo que ha usado su compañero anterior. Introduzca expresiones de tiempo como *en esa época* o *en el siglo XVI*. Como el uso de *había* puede ser el más habitual en este ejercicio, intente que varíen un poco la frase. Por ejemplo, *En esa época no había nevera*, *No tenían nevera* o *La gente no usaba nevera*.
Solución: Propuesta: En esa época la gente no llevaba vaqueros; No había bicicletas; No comían patatas fritas; La gente no bebía Coca-Cola; No había luz eléctrica, ni papeleras, ni frigorífico, ni aspiradoras; Las casas no tenían calefacción; No había radiocasetes; No existía la televisión; La gente no llevaba zapatillas de deporte.

ℹ Información:
Miguel de Cervantes Saavedra: (Alcalá de Henares, 1547 (prob.) – Madrid, 1616). Está considerado el más grande escritor español de todos los tiempos. En 1571 participó en la batalla de Lepanto contra los turcos, en la que perdió el movimiento del brazo izquierdo, por lo que fue llamado el Manco de Lepanto. Su obra más famosa es Don Quijote de la Mancha. En ella Cervantes hace parodia de las novelas de caballería.

3 Recuerdos.

a) Todo ha cambiado... y los recuerdos quedan.
Objetivo: Comprensión lectora. Fijar las formas del imperfecto.
Procedimiento: Explique a los alumnos que van a leer un texto en el que una persona recuerda una época pasada. Individualmente, los alumnos leen

primero los verbos que encuentran antes del texto. Asegúrese de que comprenden todos. A continuación, leen el texto y lo completan con las formas del imperfecto de los verbos anteriores. Compruebe los resultados en el pleno o bien, haga una transparencia del texto para que los alumnos completen las formas que faltan.

b) ¿Conoce usted costumbres parecidas?
Objetivo: Práctica oral individualizada.
Procedimiento: Pregunte a los alumnos si conocen otras viejas costumbres parecidas a la del lavadero público del texto anterior. Pídales que piensen en sus abuelos, si les han contado historias del pasado o si hablan del progreso y de cómo han cambiado las cosas. Pueden discutirlo en pequeños grupos para facilitar el diálogo y la intervención de todos. Usted puede participar brevemente en cada grupo, preguntando a los alumnos o animando la charla.

Al final

a) Cuando éramos pequeños/-as...
Objetivo: Práctica oral interactiva del uso del imperfecto. Recordar el pasado.
Procedimiento: En parejas, los alumnos se hacen las preguntas que aparecen en el libro acerca de sus abuelos, tal como ellos los conocieron cuando eran pequeños. Primero, pida que lean las preguntas y anímeles a pensar en dos más. Un alumno hace todas las preguntas y luego, las hace el otro. Recuérdeles que tomen notas de todas las respuestas.

b) ¿Quién reconoce a sus abuelos?
Objetivo: Práctica escrita individualizada.
Procedimiento: Los alumnos escriben ahora un texto con la información de los abuelos del compañero. Pídales que no mencionen el nombre de este pues es algo que tienen que adivinar más tarde. Recoja todos los textos y repártalos entre los alumnos. A continuación, pida a algunos alumnos que lean en voz alta los textos que les han tocado. Los demás deben escuchar atentamente para poder reconocer a sus abuelos en la información del texto. Si alguno ha reconocido el texto, pregúntele si la información es correcta. Si no, pídale que la corrija.

Rincón profesional

1 La oficina.

a) En la oficina.
Objetivo: Preparar la actividad posterior. Introducir vocabulario de objetos de oficina.
Procedimiento: Cada alumno utiliza el plano de la izquierda para colocar en él los objetos. Los alumnos que tengan menos habilidades artísticas pueden simplemente poner el nombre del objeto en el plano.

b) La oficina de su compañero.
Objetivo: Interacción oral para preguntar por la ubicación de los objetos de la oficina. Repaso de preposiciones y adverbios de lugar y de los posesivos tónicos.
Procedimiento: En parejas, cada alumno pregunta al otro dónde están los objetos en su oficina para dibujarlo (o escribir el nombre) en el plano de la derecha, como en el modelo. Al final, comparan los resultados de los dibujos.

2 Veo, veo. ¿Qué ves?

Objetivo: Práctica oral para describir objetos.
Para empezar: Presente el juego de "Veo, veo", en el que se piensa en un objeto y los demás tienen que adivinarlo. Para demostrar su funcionamiento, piense usted en un objeto de la clase y deje que los alumnos le pregunten por su descripción.
Procedimiento: Divida la clase en grupos de tres. Por turnos, cada uno elige un objeto de los propuestos y los otros dos intentan adivinar cuál es haciendo preguntas como el modelo. Aclare que sólo se puede responder sí o no.

3 ¿Se acuerda de...?

Objetivo: Práctica oral personalizada. Describir el lugar del trabajo. Hablar sobre el pasado.
Para empezar: Para facilitar un modelo, hable usted de su primer lugar de trabajo, descríbalo, así como sus funciones, y dé la información de las preguntas del libro.
Procedimiento: Ahora, los alumnos piensan en su primer lugar de trabajo. Si alguno no lo recuerda, pídales que piensen en el anterior al que tienen ahora. Si alguno no ha trabajado nunca o está en su primer trabajo, pídales que piensen en su lugar de trabajo o de estudio en su casa, cuando eran pequeños.
Deje que primero escriban unas frases con sus recuerdos y présteles la ayuda que necesiten.
Al final, cada uno presenta su primer lugar de trabajo en pequeños grupos o en el pleno (si no hay demasiados alumnos).
Y además: Para que los alumnos presten atención a sus compañeros, pídales que tomen notas de lo que estos dicen. Luego, pregunte a cada grupo por semejanzas que han encontrado y también por cuál consideran que era el mejor lugar de trabajo y por qué.

Unidad 2

Recuerdos

Página introductoria

Recuerdos.
Objetivo: Introducción al tema de la unidad: los recuerdos del pasado.
Procedimiento: En la página introductoria aparecen una serie de fotos a modo de contextualización. Estas fotos, junto con las preguntas del recuadro, deberían evocarles recuerdos a los alumnos pues reflejan momentos de la infancia: juegos, lecturas, hábitos, música... Puede introducir el tema con su propia información personal, hablando de su infancia. Para hacer la actividad más real, puede llevar algún objeto de su infancia o juventud (un libro, por ejemplo), o mejor, si se trata de una clase de edad uniforme, puede llevar algo de la época de los alumnos. Por ejemplo, *Mi primer libro fue... Fue un regalo de mi padre*. Esto puede despertar la curiosidad del alumno por saber más y estimularle para compartir con la clase sus propios recuerdos.
A continuación, pregúnteles a ellos acerca de su primer libro, de los helados de palo, de los juegos, de su primer coche y de su primer disco

¿Qué más le recuerdan estas fotos?
Objetivo: Práctica oral. Recordar el pasado.
Procedimiento: Ahora, pídales que observen más detenidamente las fotografías, que se relajen y recuerden. Introduzca usted las dos expresiones que aparecen, *Me recuerda...* y *Me hace pensar en...* con sendos ejemplos. Para facilitar la reflexión y la introspección, hágalo en parejas, así sentirán más confianza con el compañero.
Y además: Puede pedirles, antes de empezar esta unidad, que traigan fotos de su infancia a clase para mostrárselas a los compañeros y trabajar con material real.

A. Érase una vez

Objetivos:
- Describir recuerdos
- Recordar la infancia
- Los cuentos populares infantiles
- Hablar de acciones ocurridas en el pasado

Recursos:
Me recuerda... ■ *A mí me gustaba...* ■ *Era interesantísimo / aburridísimo / buenísimo.* ■ *Érase una vez...* ■ *Mientras / siempre / todos los días / dormía...* ■ *De repente / enseguida / un día / entonces se despertó.*

Gramática:
- Los superlativos
- El uso del imperfecto para recordar
- La alternancia entre indefinido e imperfecto

1 Recuerdos.

a) Recuerdos de la niñez. 1; 4–7
Objetivo: Comprensión auditiva selectiva. Resumir lo que dicen otras personas.
Procedimiento: Los alumnos van a escuchar una audición en la que cuatro personas recuerdan cosas de su niñez. Ponga la audición pausando cada fragmento. En este primer paso pueden identificar el tema del recuerdo (piezas de Lego, espinacas, muñeca Barbie, cuentos). Los dibujos que hay al lado de cada frase les servirán de ayuda. Ponga la audición una segunda vez para que identifiquen la información que se relaciona con cada objeto. Adviértales de que no se trata de entender palabra por palabra lo que dicen las personas, sino de resumir brevemente con sus propias palabras las informaciones principales. Las frases de la izquierda les sirven como guía.

Por último, pídales que comparen los resultados en parejas y que decidan si los recuerdos son agradables o desagradables para esas personas.
Como existen diferentes posibilidades para expresar la información que falta, compruebe en cada pareja que los resultados son válidos. Luego, cada pareja expone sus resultados en el pleno.
Si preguntan por el significado de alguna de las palabras en superlativo, comente que se verá a continuación.
Solución: Propuesta: 1. Enrique jugaba con piezas de Lego. Tenía una caja con muchísimas piezas. Él y sus hermanos construían muchas cosas con ellas. (recuerdo agradable). 2. Andrés tenía que comer muchas espinacas porque su madre decía que eran buenas. A él no le gustaban nada por su consistencia pero tenía que comerlas porque su madre no le dejaba levantarse de la mesa. (recuerdo desagradable). 3. A Mónica le encantaba jugar con la Barbie. Su tío de Puerto Rico le compraba todas las cosas de la Barbie que no había en España. (recuerdo agradable). 4. El padre de Antonio le leía cuentos antes de dormir. Era interesantísimo porque hacía las voces de los personajes y los ruidos. (recuerdo agradable).

b) Busque las palabras equivalentes.
Objetivo: Comprensión lectora detallada. Presentar formas del superlativo.
Procedimiento: Escriba en la pizarra el cuadro que aparece en el libro y deje los mismos espacios en blanco. Pida entonces a los alumnos que lean los textos del ejercicio anterior y le ayuden a completarlo.
Explique que la terminación de superlativo *-ísimo/-a*, se añade a un adjetivo o adverbio para expresar el grado máximo de una cualidad. Muestre cómo se forma el superlativo sustituyendo la última vocal por *-ísimo/-a*. Llame la atención sobre la particularidad de los adjetivos terminados en *-co/-a* que cambian por razones fonéticas a *qu* (blanquísimo).
Solución: interesantísimo/-a; divertidísimo/-a.
Y además: Si el nivel del grupo lo permite, pida que un alumno dé un adjetivo o un adverbio en superlativo, el resto tiene que decir el adjetivo contrario en grado superlativo también. El primero que responde correctamente da un nuevo adjetivo. Por ejemplo: *bajísimo-altísimo*.

c) Recuerdo agradable o desagradable.
Objetivo: Práctica oral personalizada. Recordar acciones habituales en el pasado.
Procedimiento: Pídales a los alumnos que piensen en un recuerdo agradable y otro desagradable de su niñez dando detalles sobre ellos, como gustos, preferencias, hábitos, etc., según el modelo.
Recuérdeles que el imperfecto es el tiempo que se usa para recordar las acciones habituales en el pasado. En cadena, puede sugerir que un alumno diga un recuerdo agradable y que el siguiente continúe con uno desagradable. De esta forma, los alumnos tendrán que prestar atención a lo que digan los compañeros.

2 Personajes de la infancia.

a) ¿Recuerda a alguno de estos personajes?
Objetivo: Identificación de personajes de cuentos. Preparación para el siguiente ejercicio.
Procedimiento: Aparecen cuatro imágenes de personajes infantiles universales de cuentos o cómics. Pregúnteles a sus alumnos si saben quiénes son. No importa que digan el nombre en alemán. Pregúnteles si saben cómo se llaman los personajes en español y si no pueden imaginárselo, llame su atención sobre la solución que se encuentra a pie de página.
Y además: Piense usted en un personaje popular de su infancia. Los alumnos intentan adivinarlo haciendo preguntas. Pueden hacer diez preguntas entre todos y las respuestas sólo pueden ser *sí* o *no*.

b) ¿Tenía algún cuento o libro favorito?
Objetivo: Práctica oral personalizada del imperfecto.
Procedimiento: Pregúnteles en el pleno sobre sus cuentos o libros favoritos cuando eran pequeños. No importa si lo expresan en alemán, pero intente encontrar la traducción al español de dichos libros. Pídales que mencionen el autor, si lo conocen, y a qué edad lo leyeron.

3 Caperucita Roja y el lobo.

a) ¿Conoce este cuento?
Objetivo: Comprensión lectora global. Titular un cuento.
Para empezar: Deje que los alumnos ojeen el texto y observen el dibujo hasta que sepan de qué cuento se trata.
Escriba *Caperucita Roja* en la pizarra y pídales a los alumnos que le digan lo que se les ocurra sobre la historia, pero sólo palabra por palabra, por ejemplo, *abuelita*, *lobo*, *dientes*, etc. Deje que busquen las palabras en el diccionario si es necesario o que las digan en su lengua. Usted u otros compañeros ayudan a traducirlas.
Procedimiento: Adviértales de que van a leer una versión diferente del cuento y que ellos tienen que encontrar las diferencias. Si han observado bien el dibujo, tal vez los alumnos se han dado cuenta de que hay un revólver en la cesta. Esto les despertará la curiosidad por conocer la historia y encontrar las diferencias.
Lea el texto en voz alta como si les estuviera contando el cuento a los alumnos. Luego, deles un tiempo

para que lo lean ellos y marquen las diferencias que encuentren con la versión original. Aclare las posibles dificultades de comprensión.

Marque sobre una transparencia del texto, a instancia de los alumnos, las diferencias que han encontrado con la versión tradicional del cuento. Al mismo tiempo puede ir recordando con ellos cómo era la original.

Anímeles a encontrar un nuevo título para esta versión del cuento. Anote los títulos en la pizarra a medida que se los vayan dando los alumnos. Voten entre todos el título más divertido.

Solución: Caperucita Roja mata al lobo con un revólver. En la versión tradicional, el lobo se come a la niña y un cazador le abre la barriga al lobo para sacar a la niña y a la abuela.

b) ¿Con qué tiempos se combinan...?

Objetivo: Sistematización de los usos de pretérito indefinido e imperfecto y de la alternancia de ambos. Presentación de marcadores temporales frecuentes con indefinido e imperfecto.

Procedimiento: Puede utilizar una transparencia del texto para realizar esta actividad. Antes, pida a los alumnos que marquen con dos colores diferentes los verbos en indefinido e imperfecto. Para comprobarlo, puede pedir a cada alumno que marque un par de verbos en la transparencia. Asegúrese de que finalmente se marcan todos.

A continuación, pídales que se concentren en los marcadores que se dan. Cópielos en la pizarra para escribir debajo las formas verbales con las que aparecen. Pregunte a los alumnos en el pleno por la solución.

Escriba en la pizarra la frase ejemplo: *Como todos los días, iba por el camino y pensaba en su abuela. De repente, vio al lobo*. Dibuje las marcas que aparecen en el libro y que les servirán a los alumnos para comprender los usos combinados de indefinido e imperfecto.

Pídales que lean la explicación en su lengua y que la completen ("Rahmen oder Hintergund": *imperfecto*; "Handlung": *indefinido*). Marcadores temporales como *todos los días* y *mientras* aparecen normalmente con imperfecto para referirse al marco circunstancial o a los hábitos en el pasado. En cambio, marcadores como *un día* o *de repente* introducen una nueva acción en el relato por medio del indefinido. Recuérdeles que no son usos nuevos de estos tiempos, sino un uso combinado muy frecuente en el que el imperfecto describe las circunstancias y el indefinido introduce la acción y los sucesos e interrumpe la acción en progreso.

Por si ha quedado alguna duda, busque con ellos en la transparencia del texto más ejemplos de esta combinación (*Un día, cuando estaba jugando en la cocina, su madre le dijo...*; *Mientras Caperucita recogía margaritas por el camino, el lobo corrió...*).

Solución: Un día dijo; enseguida tomó; de repente encontró; entonces abrió; en ese momento no notó; inmediatamente comió; luego se puso; unos minutos después llegó; siempre llevaba; todos los días pasaba; mientras recogía.

Y además: Practique la combinación de estos tiempos pidiéndoles a sus alumnos que escriban en un papel una frase encabezada con *mientras* o *cuando* + imperfecto e interrumpida por una acción en indefinido. Los alumnos tienen que recortar las frases en dos partes, en una queda la parte del imperfecto y en la otra la del indefinido. Por ejemplo: *Mientras me duchaba / llamó mi madre por teléfono*. Se trata de partir las frases en dos para jugar al dominó. Se reparten las frases entre los alumnos y estos tienen que ir poniendo las partes para formar una frase con sentido. Pueden formarse frases extrañas o divertidas, en ese caso, anímeles a explicarlas.

Gana el jugador que pierde todas sus fichas siempre que las frases sean correctas.

4 El caso del lobo asesinado.

a) El comisario Zorro está investigando...

Objetivo: Fijación de la alternancia de imperfecto e indefinido.

Procedimiento: Los alumnos tienen que completar las declaraciones de los testigos con las formas de los verbos en indefinido o imperfecto. Cuando terminen, pídales que comprueben sus resultados con su compañero. Cada pareja lee en voz alta una frase.

Solución: 1. Iba, pensaba, llegó, preguntó. 2. Estaba, mandé, tenía. 3. Estaba, tenía, estaba, tocó, dijo, abrí, comió. 4. Era, tenía, visitaba, mató. 5. Vendí, tenía, tenía, era.

Y además: Para resumir el caso, pídales que expongan las circunstancias del crimen (la abuela estaba enferma, estaba en la cama, tenía fiebre, el lobo tenía buen carácter...) y los hechos (la madre mandó a la niña a visitar a su abuelita, alguien tocó a la puerta, alguien le vendió a la madre un revólver...). Se trata de que vean en este contexto las diferencias entre el imperfecto y el indefinido: el imperfecto muestra el plano de fondo sobre el que se desarrollan otras acciones.

b) ¿Ha identificado a los testigos?

Objetivo: Comprensión lectora global.

Procedimiento: Pregunte si saben quién es cada testigo y pídales que justifiquen su elección. Los alumnos vuelven a leer las declaraciones de los testigos y los identifican. Un alumno expone su hipótesis y su justificación y los demás la confirman.

Solución: 1. Caperucita Roja. 2. La madre de Caperucita Roja. 3. La abuelita. 4. El hermano o la hermana del lobo. 5. El vendedor de armas.

Y además: Según el nivel de los alumnos, puede hacer un juego de rol en el que cada alumno es uno de los testigos de esta actividad y el resto de los alumnos puede ser policías que interrogan a los testigos. Pídales que se preparen para preguntar (los policías) y ser preguntados (los testigos) acerca del crimen del lobo. Al final del interrogatorio, los policías tienen que decidir quién es el responsable o responsables del crimen.

5 Cuentos populares.

a) Seguro que conoce estos cuentos...
Objetivo: Identificar y traducir títulos de cuentos populares infantiles.
Procedimiento: Lea los títulos de los seis cuentos y pídales que observen los dibujos para que les sirvan de ayuda. Si no conocen el cuento en español, los dibujos les sacarán de dudas. Pregúnteles por el nombre en su idioma. Si hay alumnos de diferentes nacionalidades, compare los títulos en diferentes idiomas para ver si hay diferencias.
Solución: Der Wolf und die sieben Geißlein; Dornröschen; Aschenputtel; Ali Baba und die vierzig Räuber; Aladin und die Wunderlampe; Schneewittchen und die sieben Zwerge.

b) Lea y escuche este poema. 1;8
Objetivo: Comprensión auditiva y lectora global.
Procedimiento: Pida a sus alumnos que cierren el libro para escuchar la canción-poema. Dígales que se trata de un cuento un poco especial. Ponga la audición una vez. Pregunte por los personajes de los cuentos que se mencionan. Pídales que abran el libro y póngala una segunda vez. Así, podrán escuchar y leer al mismo tiempo para comprobar los resultados de la primera audición. Luego, pregunte en el pleno qué cualidades se les da a esos personajes (el llamado mundo al revés) y cuáles son las cualidades que tradicionalmente tienen.
Solución: Un lobo; los corderos; un príncipe; una bruja y un pirata.
Y además: Puede preguntar por los personajes de los cuentos populares, cuáles son sus favoritos y cuáles les gustan menos. Entonces, pueden añadir entre todos más estrofas al poema siguiendo con el mundo al revés, por ejemplo, *una princesa fea, una rana guapa, unas hermanas que cuidaban de su hermanastra*, etc. Ayúdeles con el vocabulario o anímeles a utilizar el diccionario para ello.

Información:
Paco Ibáñez: Cantautor español (Valencia 1934). Incorporó la poesía escrita a un género musical del que se convirtió en referente. Ha interpretado a poetas como Jorge Manrique, Francisco Quevedo, Pablo Neruda, León Felipe o José Agustín Goytisolo.
José Agustín Goytisolo: Poeta español nacido en Barcelona en 1938 en el seno de una familia burguesa intelectual. Fue miembro de la generación de los 50 y de la escuela poética de Barcelona. Era el hermano mayor de Juan y de Luis, también escritores. Se suicidó en 1999.

B. Pequeñas y grandes historias

Objetivos:
- Contar sucesos del pasado
- Relacionar sucesos del pasado

Recursos:
El chupa chups existe desde 1953 / desde hace 50 años. ■ *Hice un curso de español hace dos veranos.* ■ *Cuando tenía 29 años / era pequeño, fui a...*

Gramática:
- El uso de *hace*, *desde* y *desde hace*
- La alternancia entre indefinido e imperfecto

1 Inventos que cambiaron la infancia.

a) ¿Conoce estos inventos?
Objetivo: Comprensión lectora global. Relacionar textos con imágenes.
Para empezar: Pregunte a los alumnos si reconocen los objetos de las fotografías. No hace falta que digan los nombres, tan sólo si los conocen, los tienen o los han tenido o probado. Dígales que van a leer algo sobre las historias de estos objetos.
Procedimiento: En el libro aparecen cuatro imágenes que los alumnos han de relacionar con los cuatro textos que se refieren a ellos. Cuando las relacionen, escriben un título para cada foto. Compruebe los resultados en el pleno preguntando a cuatro alumnos. Pregúntele a cada uno cuál es el nombre del objeto.
Solución: 1. Oso de peluche. 2. Chupa chups. 3. Helado de palo. 4. Futbolín.

b) ¿Hace cuánto tiempo?
Objetivo: Comprensión lectora detallada. Sistematizar los marcadores temporales *hace, desde hace* y *desde*.
Procedimiento: Los alumnos leen de nuevo las frases anteriores para completar la traducción de *hace* y *desde hace*. El primero se usa seguido de un periodo de tiempo para hablar de la realización de una acción pasada. *Desde*, seguido de una fecha ("Zeitpunkt"), y *desde hace*, seguido de un periodo de tiempo ("Zeitraum"), se usan para expresar el inicio de una acción que continúa en el presente.
Solución: Hace: vor; desde: seit; desde hace: vor.

c) Complete las frases...
Objetivo: Fijar el uso de *hace, desde hace* y *desde*.
Procedimiento: Los alumnos completan las frases con *hace, desde hace* y *desde* y comparan sus resultados con el compañero. Para comprobar los resultados, cada alumno dice una frase completa en voz alta.
Solución: 1. Desde hace. 2. desde. 3. hace. 4. Desde. 5. Desde hace. 6. Desde.

2 En parejas. Un juego de fechas.

Objetivo: Práctica interactiva personalizada de *hace, desde hace* y *desde*.
Para empezar: Explique el funcionamiento de la actividad de los alumnos. Llame su atención sobre el ejemplo y, siguiendo el modelo que se propone, puede poner usted ejemplos personales que hagan referencia a hechos significativos de su vida, como bodas, estudios, aniversarios, etc. Escríbalos en la pizarra y pídales a los alumnos que intenten adivinar a qué se refieren utilizando *hace, desde hace* y *desde*. Esto servirá de modelo y estimulará a los alumnos para realizarlo a continuación con un compañero.
Procedimiento: Los alumnos harán como usted ha hecho pero esta vez en parejas. Cada uno piensa en tres frases y escribe sólo la fecha y una palabra clave (un verbo o un sustantivo). El compañero tiene que adivinar diciendo lo que piensa como en el modelo. Luego, cambian.
Si no lo aciertan a la primera, intente que ofrezcan más frases para adivinar, basta con unas tres o cuatro.
Compruebe la producción de los alumnos recorriendo el aula y escuchando las frases. Si hay algún tipo de dificultad o error, trabájelo en el pleno.

3 La historia del polo.

a) Historia de un invento.
Objetivo: Comprensión lectora global para completar con frases el texto. Sensibilizar a los alumnos sobre el uso combinado del indefinido y del imperfecto.
Procedimiento: Antes de que los alumnos lean el texto, explique que la historia contiene solamente los hechos sin hacer ninguna referencia a sus circunstancias. Los alumnos leen el texto y lo completan con las frases que aparecen a la derecha.
Haga notar que pueden conocer perfectamente los hechos de la historia pero no así los detalles, el llamado marco, que les viene dado con las frases que necesitan insertar en el texto.
Solución: 3; 5; 1; 2; 4.

Información:
Frank Epperson: El inventor del "polo" nació en San Francisco en 1894. Tras el casual invento del "polo", empezó una carrera empresarial para comercializarlo. En 1923 patentó el invento y lo llamó "Epsicle" (derivado de su nombre) pero más tarde lo rebautizó como "Popsicle". Pasó de tener un puesto de limonadas en un parque de atracciones a vender 60 millones polos en cinco años. Hasta 1950, los polos sólo los vendía este empresario.

b) En parejas. Comparen los resultados.
Objetivo: Comparar y comprobar resultados.
Procedimiento: En parejas, los alumnos se leen sus textos. Uno lo lee y el otro escucha y lo compara con su versión. Si hay alguna diferencia, el otro lee su versión también.
Al final, lea usted la versión correcta para que los alumnos comprueben sus resultados.
Y además: Propóngales que formen tres grupos de 3 ó 4 alumnos para escribir la historia de algunos de los demás inventos de la actividad 1 (el oso de peluche, el chupa chups y el futbolín). Pídales para ello que vuelvan a leer los textos breves que aparecían en la actividad.
Los alumnos inventan la historia de los objetos prestando atención tanto a los hechos como a las circunstancias. Cuando terminen, pídales que se sienten en grupos de tres. En cada grupo debe haber un alumno que ha escrito sobre un objeto diferente. De esta forma, entre ellos se cuentan las historias de sus objetos.

4 Un juego de fechas y edades.

Objetivo: Práctica interactiva personalizada del imperfecto y del indefinido.
Procedimiento: Presente el juego de las fechas y de las edades. Necesita un dado para cada grupo de 3 ó 4 alumnos. Si quiere, puede fotocopiar y ampliar el tablero para jugar mejor. Los alumnos tiran el dado y empieza el de la tirada más alta. El sentido del juego es de izquierda a derecha, empezando por el 5 y terminando por 2001. Hay casillas de fechas y eda-

des. Para las edades, tienen que decir qué hacían a esa edad. Para las fechas, tienen que decir qué pasó ese año, ya sea al alumno o en el mundo. El primer jugador tira y forma una frase según el número en el que caiga. Por ejemplo, *Cuando tenía 5 años iba a la guardería* o *En 2001 estuve en Londres*.
Si la edad es mayor de la que el alumno tiene, los demás alumnos pueden elegir otra edad que no aparezca en el tablero.
Si un alumno dice una frase correcta (los compañeros tienen que decir si está bien), puede permanecer en la casilla, si no, retrocede a donde estaba. Así, todos pueden participar alternándose con las frases.
Ya que la corrección inmediata es necesaria para realizar el juego, compruebe usted que los compañeros corrigen adecuadamente.
Gana el que antes llegue a 2001 y diga correctamente la frase. Los demás pueden seguir jugando hasta que terminen todos.

5 Anécdotas.

a) Una anécdota. 1;9
Objetivo: Comprensión auditiva global: una anécdota de la niñez
Procedimiento: Aparece una foto de dos niños que ilustra la historia que van a escuchar. Ponga la audición dos veces para que los alumnos puedan tomar nota de los detalles de la historia: los protagonistas, el lugar, el hecho. Haga que los alumnos comparen sus notas.
Solución: La historia la cuenta una mujer, uno de los "niños" de la fotografía. Estaba en la playa de vacaciones con sus padres. El peluquero la confundió con un niño y le cortó el pelo muy corto. Su padre le compró un helado como compensación.

b) Una cadena. Cuenten ahora la historia.
Objetivo: Práctica oral guiada para relatar una anécdota.
Procedimiento: Pida a los alumnos que primero lean las palabras guía y que las relacionen mentalmente con la historia que acaban de escuchar. Aclare cualquier palabra que no se entienda.
En cadena, los alumnos cuentan la historia. Como ayudas tienen las palabras de guía, pero tienen que tener presente que deben decidir qué tiempo emplear: indefinido o imperfecto.
Solución: Propuesta: Tenía 9 años. Estaba de vacaciones con sus padres. Un día su padre decidió ir a la peluquería porque quería cortarse el pelo. Ella llevaba normalmente el pelo corto. La madre pensaba que para la playa era más práctico cortarlo un poco más. Entonces fue a la peluquería con su padre. Se sentaron en dos partes distintas. Un empleado empezó a cortarle el pelo. Ella se miraba en el espejo y le parecía que cortaba mucho, pero no dijo nada. Poco después el empleado terminó y habló con su padre para decirle que su hijo estaba listo. Su padre no podía ver a su hija desde donde estaba. Contestó sonriendo que no era su hijo. En ese momento el empleado se puso blanco como el papel y empezó a pedir perdón. A ella no le importaba mucho parecer un chico, pero aceptó un helado enorme que le compró su padre como compensación por su nuevo aspecto.

Al final

a) Una historia personal.
Objetivo: Práctica oral guiada del uso del imperfecto e indefinido. Recordar el pasado. Repasar los contenidos de la unidad.
Procedimiento: Para terminar la unidad, los alumnos hacen una práctica personalizada guiada para relatar momentos de su infancia. Para ello, disponen de cuatro categorías de elementos con diferentes recursos sugeridos: el marco temporal, una primera acción, unas explicaciones a modo de circunstancias y una segunda acción conectada con la primera. Recuérdeles que estos recursos son sugerencias pero que pueden utilizar otros que se les ocurran, dependiendo de los recuerdos que tengan. En ese caso, ayúdeles si es necesario.
Para ayudarles a recordar o encontrar inspiración, sugiérales que miren de nuevo la página introductoria con las fotografías de recuerdos.
Los alumnos escriben frases relacionando los diferentes elementos de las columnas o empleando otros que se les ocurran dentro de la misma estructura (marco-suceso 1-explicaciones-suceso 2), como en el modelo propuesto.
Compruebe usted que las frases son correctas revisando la producción de los alumnos.

b) Cada uno/-a cuenta su anécdota.
Objetivo: Práctica oral interactiva. Relatar una anécdota del pasado.
Procedimiento: De dos en dos, los alumnos se cuentan los recuerdos de la actividad anterior alternándose. Anímeles a preguntar más detalles a su compañero sobre la historia. Muestre el ejemplo del modelo: *Cuando tenía 9 años me regalaron una bicicleta que me gustaba mucho pero ese mismo día me la robaron*. Ellos podrían preguntar por ejemplo, *¿Dónde vivías? ¿Dónde estabas? ¿Por qué te gustaba la bici? ¿Cómo era? ¿Quién la robó? ¿La encontraste? ¿Qué pasó al final?*, etc.
El compañero que escucha la anécdota hace mientras un dibujo como resumen de la historia que servirá de comprobación de la comprensión auditiva.
Pregunte en el pleno quién ha escuchado la historia más divertida, más increíble, más simpática o más original y pídales que cuenten una cada uno apor-

tando toda la información que recuerden y mostrando el dibujo que han hecho.

Rincón profesional

1 Cambios en la empresa.

a) La empresa Moix & Ferguson se fundó en 1920.
Objetivo: Presentación del vocabulario de tipos de empresa. Identificar una empresa.
Procedimiento: Presente el dibujo de Quino pero sin que los alumnos vean la segunda parte. Para ello, pídales que oculten con el cuaderno la parte inferior del libro.
Pregunte en el pleno qué tipo de empresa es. Recoja las ideas de los alumnos y sugiérales las propuestas en el libro.

b) En cadena. ¿Cómo era entonces?
Objetivo: Práctica oral para describir en el pasado.
Procedimiento: Los alumnos destapan el segundo dibujo y lo comparan con el anterior. En cadena, los alumnos dicen cómo cambiaron las oficinas de los años 30 a los 80. Inicie usted la cadena con el modelo del libro.

c) ¿Cómo se imagina la empresa actualmente?
Objetivo: Práctica oral para formular hipótesis y hablar de cambios.
Procedimiento: Pida a los alumnos que se imaginen cómo es la empresa Moix & Ferguson en la actualidad. Pregunte a los alumnos pidiéndoles detalles si ellos no los facilitan.
Y además: Si hay alumnos que sepan dibujar, propóngales que dibujen la empresa de acuerdo con los comentarios que hagan los compañeros.
Al final, pueden exponer los dibujos para que los compañeros vean si es así cómo se imaginan la empresa en la actualidad.

2 ¿Quién es?

Objetivo: Comprensión lectora detallada. Completar un texto con los verbos. Práctica de los tiempos del pasado.
Procedimiento: Explique que el texto incompleto corresponde a una persona del dibujo. Primero, tienen que completarlo con indefinido o imperfecto, y después tienen que identificar a la persona. Pueden comparar los resultados con un compañero.
Haga una puesta en común en el pleno y pregunte quién es la persona. Para identificarla, pregunte por su aspecto o por su posición en el dibujo.
Solución: Llegué, conocía, tenía, era, fueron, parecía, había.
Y además: Cada alumno elige un trabajador del dibujo e imagina que es él o ella para escribir un texto similar sobre sí mismo. Al final, cada uno lee su texto y los demás deben adivinar quién es. Si no lo consiguen, pueden preguntar sobre su aspecto.

Estar en forma

Página introductoria

a) Las partes del cuerpo. 1;10–12
Objetivo: Introducción al tema de la unidad: el cuerpo. Comprensión auditiva selectiva. Presentar partes del cuerpo.
Para empezar: Presente las fotografías de la página introductoria. Pregunte a los alumnos si reconocen las figuras o si las pueden situar geográficamente.
Procedimiento: Esta primera actividad se divide en dos. En primer lugar, como presentación del vocabulario nuevo, los alumnos observan la figura del adolescente huasteco y las partes del cuerpo para relacionarlas con sus nombres. Este ejercicio no debe plantear problemas, pero tal vez puede aclarar usted las partes del cuerpo señalándose usted las mismas y repitiendo los nombres.
En segundo lugar hay una audición en la que se habla en tres fragmentos diferentes de las figuras de las fotos. Antes de poner la grabación, pídales a los alumnos que se concentren en qué contexto se sitúan los fragmentos (museos, visitas guiadas o exposiciones). Ponga la audición una vez y tras escucharla, resuelva esa pregunta. De esta forma, toman contacto con la audición con un objetivo menos exigente. Póngala una segunda vez y, ahora sí, pídales que presten atención a las partes del cuerpo que se mencionan. Hágalo pausadamente, fragmento por fragmento. Ponga la audición otra vez si lo considera necesario. Resuelva el ejercicio preguntando en el pleno. En una transparencia de las fotografías, también puede señalar las partes del cuerpo que se mencionan.
Solución: 1. Mano, pecho, brazo, pierna. 2. Manos, piernas, dedos de los pies, dedos de las manos. 3. Espalda, ojos, piernas.

b) Escuche otra vez.
Objetivo: Comprensión auditiva global.
Procedimiento: Ponga de nuevo la audición. Esta vez, pídales que presten atención a los datos que se facilitan para que los relacionen con las figuras. Compruebe en el pleno preguntando a los alumnos. Pida que digan a qué se refiere la información.
Solución: La figura número 1 se descubrió en 1917, el 21 de junio el sol entra por la puerta del templo e ilumina la estatua (foto 2). Los moais miden unos 10 metros, pesan unas 14 toneladas y existen más de 850 (foto 3).

A. Mantenerse en forma

Objetivos:
- Las partes del cuerpo
- Expresiones idiomáticas con las partes del cuerpo
- Dar instrucciones

Recursos:
No me entra en la cabeza. ■ *Como con tiempo y tranquilamente.* ■ *Siéntese en una silla. / Respire profundamente. / Beba mucha agua.*

Gramática:
- Los adverbios terminados en *-mente*
- El imperativo de los verbos irregulares y algunos irregulares

1 Expresiones con las partes del cuerpo.

Objetivo: Introducción de expresiones con partes del cuerpo y su traducción al alemán.
Procedimiento: En el libro hay cinco frases con expresiones de las partes del cuerpo marcadas en rojo. Dichas expresiones están contextualizadas y además aparecen dibujos ilustrativos a la derecha, por lo que los alumnos deberían ser capaces de comprenderlas. Tal vez necesité explicar *ombligo* y *pata*. Hágalo gráfica o visualmente.

Los alumnos, después de leer las frases, las traducen al alemán.
Compruebe en el pleno los resultados. Si ve que les puede ayudar más, pídales que traduzcan también el resto de la frase.
Solución: Er ist der Nabel der Welt; Das geht mir nicht in den Kopf; Mir blieb der Mund offen stehen; Man muss die Augen offen halten; Ich bin ins Fettnäpfchen getreten.
Y además: Para fijar las expresiones del libro, puede proponerles un juego de adivinar. Un alumno dice una frase con una de las expresiones en español referida a alguna persona que conoce (familiar, novio o novia, compañeros, etc.). Los demás tienen que adivinar de quién se trata. Por ejemplo: *Metió la pata porque no me regaló nada: el novio/la novia.*

2 Un cuestionario sobre salud.

a) ¿Se mantiene usted en forma?
Objetivo: Comprensión lectora. Responder un cuestionario. Introducción de los adverbios terminados en *-mente*.
Procedimiento: Los alumnos simplemente marcan en el cuestionario sus hábitos de salud. Pídales que escriban otras cosas relacionadas con sus hábitos. Escriba usted en la pizarra lo que añadan los alumnos para que el resto pueda incluirlo como opción.

b) Los resultados.
Objetivo: Práctica oral individualizada.
Procedimiento: Divida a los alumnos en grupos de tres para que comenten sus resultados y encuentren aspectos en común o diferentes. Cada alumno puede ofrecer sus resultados personales, por ejemplo, *Yo como mucha fruta y verdura, pero tomo demasiado café*. Los demás reaccionan y dan su información. Al final cuentan a la clase lo que tienen en común y lo que les diferencia.
Además, pueden decidir entre ellos quién es la persona más sana y la menos sana y por qué.

3 Los adverbios terminados en -mente.

a) Complete el cuadro...
Objetivo: Sistematización de los adverbios terminados en *-mente*.
Procedimiento: Primero, escriba en la pizarra el cuadro del libro. Luego, pida a los alumnos que vuelvan a leer el cuestionario para completar el cuadro con los adverbios. A continuación, los alumnos leen el cuadro explicativo en alemán y lo completan ("weibliche").
Explique que en español se pueden formar adverbios añadiendo la terminación *-mente* a los adjetivos. Si estos terminan en *-o*, se ponen siempre en la forma femenina (*rápido–rápidamente*). El resto de los adjetivos no varía.
Solución: Rápidamente, regularmente, frecuentemente.

b) Adjetivos y adverbios.
Objetivo: Práctica oral en cadena. Fijación de los adverbios terminados en *-mente*.
Procedimiento: Asegúrese de que los alumnos comprenden los adjetivos que aparecen en el libro. Entonces, un alumno dice un adjetivo y el siguiente el adverbio correspondiente terminado en *-mente*. Este mismo alumno dice el siguiente adjetivo, y así sucesivamente. El resto de los alumnos puede hacer la corrección en el momento.
Si quiere continuar la cadena, propóngales que la continúen con más adjetivos que se les ocurran a los alumnos.
Solución: Rápidamente, seriamente, fácilmente, horriblemente, posiblemente, tradicionalmente, tranquilamente, amablemente, difícilmente, normalmente, cómodamente, activamente.
Y además: Una variante de esta práctica sería hacerlo al revés: a partir del adverbio terminado en *-mente*, se da el adjetivo. De esta manera, los alumnos prestan atención al hecho del cambio vocálico.

4 Escuche este texto. 1;13

Objetivo: Comprensión auditiva global y selectiva.
Procedimiento: Los alumnos van a escuchar una audición sin saber de qué se trata (es una clase de flamenco). Ponga la audición una vez y tras escucharla, resuelva la primera pregunta. En esta primera escucha, los alumnos tratan de identificar el contexto. No será difícil pues hay bastantes elementos que ayudan: las castañuelas, las instrucciones o el tono. Antes de poner la audición otra vez, pídales que se concentren en las partes del cuerpo que se mencionan.
Solución: Cabeza, brazo, manos, pierna, espalda, pecho.
Y además: Puede realizar una actividad de ampliación si su clase es dinámica, participativa y alegre. Pregunte a los alumnos si han recibido o reciben clases de algún tipo de baile. Si es así, y entre los alumnos hay algún "experto", pídale que dé una pequeña e improvisada clase de baile a sus compañeros. El "profesor" de baile da instrucciones (pueden ser simples), y los demás tratan de seguirlas.

5 Gimnasia para la oficina.

a) Ejercicios para hacer en la oficina.
Objetivo: Comprensión lectora detallada para relacionar los textos con los dibujos. Introducción del imperativo.

Procedimiento: Lea usted los textos en voz alta mientras los alumnos siguen el texto. A continuación, los vuelven a leer los alumnos para relacionarlos con los dibujos. Compruebe en el pleno los resultados preguntando a algún alumno.
Explique el vocabulario visualmente en el caso de que haya dudas y si hace falta, realice usted el ejercicio paso a paso para que los alumnos comprendan las instrucciones.
Solución: 2, 1, 3.

b) Marque los imperativos en el texto.
Objetivo: Identificación de las formas del imperativo.
Procedimiento: Los alumnos vuelven a leer los textos para localizar y marcar las formas del imperativo.
En una transparencia de los textos puede ir marcando usted a medida que sus alumnos le dan las formas. Hágalo en diferentes colores según sean de verbos terminados en *-ar* (*siéntese, gire, respire, tóquese, estírese, inspire, levante, baje*), en *-er* (*ponga, vuelva, mantenga, haga, beba*) o en *-ir* (*repita*). Esto ayudará a los alumnos a decir cuáles son los infinitivos de dichas formas.
Cada alumno, en cadena, puede decir el infinitivo de los imperativos marcados.
Solución: 1. Siéntese (sentarse), ponga (poner), gire (girar), respire (respirar), vuelva (volver), repita (repetir). 2. Siéntese (sentarse), ponga (poner), tóquese (tocarse), estírese (estirarse), respire (respirar), mantenga (mantener), vuelva (volver), repita (repetir). 3. Ponga (poner), levante (levantar), respire (respirar), baje (bajar), haga (hacer), beba (beber).

c) El imperativo.
Objetivo: Fijar las formas de imperativo.
Para empezar: Pregunte a los alumnos cuándo se utiliza el imperativo. En español, como en alemán, se suele utilizar en instrucciones (como las de los ejercicios físicos o las del libro) y en recetas.
Procedimiento: Escriba el cuadro de las formas del imperativo regular y marque con colores diferentes las terminaciones. Los alumnos completan el cuadro con las formas que faltan y que han aparecido en el texto anterior.
Pídales que identifiquen en el texto los irregulares (*ponga, mantenga, haga*). Puede que los alumnos crean que *vuelva* o *siéntese* son imperativos irregulares. Si eso ocurre, compare esas formas con la forma de *tú* (*vuelve* o *siéntate*) y explique que son cambios vocálicos. A continuación, escriba el cuadro de los irregulares. Dígales que las formas de imperativo irregular para *tú* son pocas pero hay que memorizarlas. Las de *usted* provienen del presente de indicativo de la forma de *yo* (*pongo – ponga, hago – haga, mantengo – mantenga*). Para *ustedes*, también se añade una *-n* a la forma de *usted*.
Ponga el ejemplo de *siéntese, tóquese* y *estírese* para mostrar que los pronombres se unen al verbo. Haga el correspondiente cambio a la forma de *tú* para que lo vean mejor (*siéntate, tócate* y *estírate*).
Llame la atención sobre el cambio en *toca / toque / tóquese* por necesidades fonéticas.
Solución: Gire, beba, abra, ponga, mantenga.
Y además: Pida a los alumnos que busquen otros imperativos en los ejercicios de gimnasia y que hagan cuadros de formas como los de la actividad c). En cada cuadro, deben dejar libres algunas formas para que las complete su compañero. Así, en parejas, se intercambian los cuadros y los completan. Luego, los comprueban juntos.

6 Gimnasia en la clase.

a) En parejas.
Objetivo: Completar un texto para fijar las formas del imperativo. Actividad de vacío de información. Preparación de la actividad b).
Procedimiento: De dos en dos, un alumno (A) tiene el texto incompleto de la página 27 y su compañero (B), el de la página 105. Individualmente, completan los textos con las formas del imperativo. Pueden elegir entre *tú* y *usted*, como gusten.
Para comprobarlo, puede disponer a parejas de alumnos A y parejas de alumnos B (que lo hayan hecho en la misma persona) para que se corrijan.
Solución: Página 27: Póngase / ponte, relaje / relaja, abra / abre, flexione / flexiona, flexione / flexiona, levántelo / levántalo, tóquese / tócate, mantenga / mantén. Página 105: Póngase / ponte, relaje / relaja, abra / abre, flexione / flexiona, ponga / pon, estire / estira, espere / espera, vuelva / vuelve, cambie / cambia, ponga / pon, estire / estira, espere / espera, vuelva / vuelve.

b) Un poco de gimnasia.
Objetivo: Comprensión auditiva detallada.
Procedimiento: Pida a los alumnos que en parejas se preparen (sin levantarse) para hacer un poco de gimnasia.
A continuación, un alumno lee su texto y el compañero sigue las instrucciones haciendo el ejercicio. El que lee comprueba que el otro ha entendido bien lo que ha dicho siguiendo el ejercicio del compañero. Luego, cambian.
Intente que no se cree excesivo alboroto y confusión al realizar los ejercicios. Todos deberán ser capaces de escuchar a su compañero y realizar, con el suficiente espacio, el ejercicio.

7 Una declaración de amor. 1;14

Objetivo: Comprensión auditiva selectiva.
Procedimiento: Diga a los alumnos que van a escuchar una canción de amor, en la que alguien le declara su amor a otra persona. Pregúnteles qué características físicas se admiran normalmente en una declaración de amor. Ponga la audición y pídales que comprueben si escuchan algunas de las características físicas que han mencionado antes.
Y además: Ponga la audición otra vez y pídales que presten atención a las partes del cuerpo que reconocen. Tranquilíceles diciéndoles que hay muchas más que no conocen, pero que tal vez pueden repetir.
Si quiere ampliar el vocabulario de las partes del cuerpo, escriba todas las partes del cuerpo que se mencionan (dientes, boca, piel, ojos, piernas, manos, dedos, narices, pecho, espalda, piel, cabellos, cintura, talle, labios, codos, cejas, brazos, pies, pestañas, cadera, rodilla, mejillas, falanges, muñecas, orejas, tobillos) y ponga de nuevo la audición indicando, mientras se mencionan, de qué partes se tratan.

Información:
Les Luthiers: El origen de este grupo musical humorístico está en un grupo coral de la Universidad de Buenos Aires. En sus canciones parodian estilos y piezas musicales de todo género, utilizando instrumentos hechos con materiales inusuales. Precisamente, la palabra *luthier* significa en francés *fabricante de instrumentos*.

8 Fernando Botero.

a) Una belleza original.
Objetivo: Preparación para la actividad siguiente. Descripción de personas. Activar vocabulario relativo a las partes del cuerpo.
Para empezar: Si puede, haga una transparencia en color del cuadro "Bailarina" de Botero y proyéctelo. Pregunte a los alumnos si conocen el cuadro o si saben quién lo pintó. Pídales su opinión del cuadro, si les gusta o no y por qué.
Procedimiento: Deje unos minutos a los alumnos para que piensen y escriban frases para describir a la mujer del cuadro. Luego, cada uno en cadena dice una frase. El siguiente la repite y dice otra más. Adviértales de que escuchen bien a los compañeros para no repetir las frases.
Preste su ayuda a los alumnos para realizar la descripción de la mujer si necesitan algunas palabras más (castañuelas, zapatos de tacón, traje de flamenca, mantón, lunares, etc.).

b) Lea este texto y...
Objetivo: Comprensión lectora global. Completar un texto con frases. Repaso de la alternancia de indefinido e imperfecto.
Procedimiento: Los alumnos tienen que colocar las cuatro frases dadas en el lugar correcto en el texto sobre Botero. Lea usted las cuatro frases y diga que se refieren a las circunstancias y al marco de la vida de Botero, de ahí el uso del imperfecto. A continuación, los alumnos leen el texto con datos biográficos del pintor.
Una vez han terminado, empiece a leer usted el texto y cuando llegue a los espacios en blanco, deje que los alumnos le indiquen la frase que falta.
Solución: 3, 4, 1, 2.
Y además: Puede pedirles que en parejas inventen una historia para relacionar a la bailarina del cuadro con la vida de Fernando Botero. Anímeles a que escriban tanto acciones como circunstancias en la historia. Se presentan las historias en la clase y se vota por la más probable y la más divertida.

Información:
Fernando Botero: Pintor, dibujante y escultor colombiano, nacido en Medellín en 1932. En su pintura hay influencias del muralismo mexicano, la pintura del renacimiento italiano y el surrealismo, en un estilo muy personal en el que las figuras engordan. Su afición por los toros le lleva en los 80 a dedicarse casi en exclusiva a este tema. Desde 1973 reside en París.

c) En parejas.
Objetivo: Comprensión lectora del texto. Formular preguntas.
Procedimiento: Los alumnos leen de nuevo el texto completo con el objetivo de formular cuatro preguntas, como en el modelo, sobre la vida de Fernando Botero. Antes de que les hagan las preguntas a su compañero, compruebe si son correctas o no, en cuyo caso indíqueles que hay un error para que lo corrijan.
En parejas, se hacen las preguntas. Cuando uno da la respuesta, el otro le dice si es correcta o no.

d) ¿Conoce a otros pintores...?
Objetivo: Práctica oral. Activación de conocimientos previos.
Procedimiento: Pregunte a los alumnos si conocen a otros pintores españoles o latinoamericanos de todos los tiempos. En *Caminos* se ha mencionado a Salvador Dalí, Pablo Picasso, Francisco de Goya, Diego Rivera y Frida Kahlo. Escriba los nombres en la pizarra a medida que los vayan diciendo y pídales que le digan qué información tienen sobre ellos. Entre todos pueden dar información para ofrecer una perspectiva general del artista.

B. La salud en el plato

Objetivos:
- Hábitos relacionados con la salud
- Hacer un plan de salud
- Expresar opinión
- Escribir una receta de cocina

Recursos:
Ha dejado de comer... / Ha empezado a comer... / Acaba de comprar... / Sigue comiendo/sin comer.../ Lleva tres meses haciendo.../ Vuelve a hacer... ■ *Creo que.../ Pues yo pienso que... / Me parece que.../ Según mi experiencia...* ■ *Corte la cebolla, pélela y píquela finamente...*

Gramática:
- Las perífrasis verbales
- El imperativo

1 Las perífrasis verbales.

a) ¿Qué hacen estas personas...?
Objetivo: Comprensión lectora para relacionar frases con fotos. Introducción de las perífrasis.
Para empezar: Escriba en la pizarra *Estar en forma* y pregunte a los alumnos qué se puede hacer para estar en forma. En una lluvia de ideas, anote en la pizarra todo aquello que digan los alumnos.
Procedimiento: Explique que van a ver qué hacen algunas personas para estar en forma.
Los alumnos deben relacionar las fotos con las frases escribiendo los números delante de estas.
No se preocupe en explicar el significado de las expresiones pues a continuación en el siguiente ejercicio las traducirán. Aunque no conozcan las expresiones, pueden fácilmente relacionarlas gracias a la información que contienen las fotos.
Compruebe preguntando quién hace qué, por ejemplo, *¿Qué hace Jaime?*
Solución: 2, 1, 5, 3, 4, 6.

b) Busque en las frases de arriba...
Objetivo: Comprensión lectora para fijar el significado de las perífrasis presentadas.
Procedimiento: Los alumnos vuelven a leer las frases anteriores para relacionarlas con las traducciones que aparecen en este ejercicio. De esta manera, fijarán estas perífrasis.
Pregunte en el pleno por la traducción de cada frase.
Puede explicar a los alumnos que las perífrasis verbales que se han presentado se pueden dividir en categorías: de inicio de la acción (*empezar a* + infinitivo), de continuación (*seguir* + gerundio, *llevar* + gerundio), de repetición (*volver a* + infinitivo) y de terminación (*dejar de* + infinitivo, *acabar de* + infinitivo).
Llame la atención sobre la diferencia de formas verbales con *seguir*, que se construye con gerundio o con infinitivo cuando hay una continuación en la no realización de una acción: *Sigue comiendo / Sigue sin comer fruta*.
Solución: Ha empezado a...; Ha dejado de...; Sigue comiendo...; Lleva tres meses haciendo...; Vuelve a hacer...; Acaba de comprarse...
Y además: Pida a los alumnos que completen las frases en alemán con otros elementos distintos a los de la actividad a), por ejemplo, "Sie hat angefangen zu tanzen". Cada alumno prepara seis nuevas frases en alemán y se las da al compañero para que las traduzca y viceversa. Cada uno corrige las frases del compañero.

c) Reescriba las frases...
Objetivo: Comprensión lectora. Práctica escrita de las perífrasis.
Procedimiento: Escriba el primer ejemplo en la pizarra, léalo y dé usted la solución. Si quiere, puede realizar un dibujo ilustrativo para que quede claro el cambio. Insita en que para realizar el ejercicio deben utilizar las perífrasis anteriores.
Pida a los alumnos que comprueben los resultados en grupos de tres. Luego, cada grupo dice una frase en el pleno y se corrige.
Solución: 1. Paco ha dejado de beber cerveza. 2. Carmen ha empezado a ir a la piscina. 3. Carlos ha dejado de ir al gimnasio. 4. Julia sigue sin comer dulces. 5. Javier sigue corriendo 10 kms al día. 6. Emilia ha dejado de tomar medicamentos. 7. Arturo ha dejado de fumar.
Y además: Si quiere, puede hacer el ejercicio contrario, es decir, a partir de una frase con perífrasis, escribir la secuencia de acciones que resulta en dicha frase. Como ejemplos se pueden usar las frases de la actividad a) o con las del *Y además* de la actividad b) si se hizo.
Proponga un ejemplo: *Nina ha empezado a bailar: Antes no bailaba. Ahora baila todos los días.*
Los alumnos, en las mismas parejas que en el *Y además* anterior, se intercambian las frases de nuevo para que las haga el compañero. Cada uno corrige las frases del compañero.

2 ¿Han cambiado este año...?

Objetivo: Práctica oral individualizada guiada para fijar las perífrasis.
Para empezar: Explique a los alumnos que en un año pueden cambiar muchas cosas en la vida de una persona y otras, sin embargo, permanecen igual.

Ponga un ejemplo personal utilizando algunas de las expresiones propuestas, por ejemplo, *Sigo dando clases de español.*
Procedimiento: Anime a los alumnos a hacer lo mismo. Para ello, leen las expresiones con perífrasis y formulan frases sobre su vida.
Una dinámica puede ser que en grupos de tres o cuatro, o incluso en el pleno, se vea expresión por expresión. Primero, *empezar a hacer*, y entonces los que hayan empezado a hacer algo lo dicen. Así hasta terminar con las expresiones.
Y además: Si el grupo se conoce bien, puede proponer una variante. Cada alumno escribe sus frases en un papel sin decir su nombre. Usted los recoge y los pega en la pared o en la pizarra. Los alumnos tienen que levantarse y leerlos e intentar adivinar a quién se refieren. Gana el que más aciertos tenga.

3 Nuevos hábitos de comidas.

a) ¿Está usted de acuerdo con estas frases?
Objetivo: Actividad de preparación para la lectura del texto de b).
Procedimiento: Escriba las cuatro frases en la pizarra, léalas en voz alta y pregúnteles a los alumnos por su opinión.
Dependiendo del nivel del grupo, en el pleno, se pueden discutir y razonar las afirmaciones. En ese caso, deles unos minutos para que reflexionen. Puede introducir recursos para expresar acuerdo: *Estoy de acuerdo, Es verdad*; o desacuerdo: *No estoy (nada) de acuerdo, Eso no es verdad.*

b) Lea el texto y compare...
Objetivo: Comprensión lectora global para confirmar las afirmaciones.
Procedimiento: Los alumnos leen en silencio el texto con el objetivo de comparar sus respuestas de la actividad anterior con lo que dice el texto. Aclare las posibles dificultades de comprensión.
Pregunte en el pleno por la información anterior, qué se dice sobre las frases y cómo se expresa en el texto.
Solución: Muchos jóvenes comen de manera poco sana: verdadero; Comer hamburguesas es malo para la salud: falso; Muchas personas ya no tienen tiempo para cocinar: verdadero; Comer productos de la temporada es lo más sano: verdadero.

c) Haga una lista...
Objetivo: Comprensión lectora selectiva.
Procedimiento: Los alumnos vuelven a leer el texto con el objetivo de encontrar las cosas que han cambiado y las que siguen igual con respecto a los hábitos de comidas. En este momento sólo es necesario que mencionen las palabras clave. Sugiérales que dividan una hoja en dos mitades. En una escriben las cosas que han cambiado, en la otra lo que sigue igual.
Una vez todos tienen su lista, pregúnteles usted y recoja la información en la pizarra.
Solución: Ha cambiado: estilo de alimentación (comer fuera de casa, trabajo de la mujer...); consumo de productos con grasa (patatas, arroz, pan, pasta, leche, queso, carne); consumo de dulces y comida basura; número de niños gordos.
Sigue igual: consumo de fruta y verdura; mejor alimentación de los países mediterráneos.
Y además: Para aprovechar el vocabulario práctico del texto, cree familias de palabras en la pizarra, por ejemplo: tipos de productos (productos de la temporada, productos frescos, alimentos, productos sin grasa, productos congelados, comida basura, productos modernos), categorías de alimentos (carne, fruta, verdura, dulces, refrescos) y productos específicos (aceite de oliva, patatas, arroz, pan, pasta, leche, queso, pollo, cerdo, hamburguesas). Así mismo, de cada tipo de producto o categoría puede crear ramificaciones para clasificar el vocabulario del texto (carne: pollo, cerdo, ternera...).
Además, puede pedirles a los alumnos que añadan otras palabras que ellos conozcan.

4 Cambios en la alimentación.

a) En cadena.
Objetivo: Práctica oral guiada para fijar las perífrasis.
Procedimiento: Ahora, los alumnos se concentran en lo que ha cambiado o no de nuestra alimentación. Primero, pueden volver al texto pero también es interesante que digan lo que ellos piensan.
Para expresarlo, disponen del cuadro con las perífrasis ya conocidas. Además, aparece el adverbio *todavía* + verbo conjugado, presente en el texto, que equivale a la perífrasis *seguir* + gerundio. Presente el ejemplo del texto: *Se comen todavía grandes cantidades de fruta y verdura*, y cámbielo: *Se siguen comiendo grandes cantidades de fruta y verdura.*
Pueden escribir las frases antes de decirlas y así podrá supervisar la producción y su corrección.
La práctica oral se hace en cadena para lo cual los alumnos deben prestar atención para no repetir lo que hayan dicho otros compañeros.
Solución: Propuesta: *Ha cambiado:* Se ha dejado de comer en casa; la mujer ha empezado a trabajar; se ha empezado a comer más productos con grasa; se ha dejado de consumir tantas patatas, arroz...; se ha empezado a comer más dulces y comida basura.
Sigue igual: Se comen todavía grandes cantidades de fruta y verdura; los países mediterráneos siguen alimentándose mejor que los países del norte de Europa.

b) Y usted, ¿qué come?
Objetivo: Práctica oral personalizada.
Procedimiento: Pida a los alumnos que, partiendo del texto y de lo dicho en la cadena, reflexionen sobre la alimentación que tienen y si eligen lo que comen en virtud de sus propiedades alimenticias. Para ello, los alumnos deben aportar ejemplos para justificar su opinión.
Si alguno se ve incapaz de decir esto último, haga que digan en el pleno en qué consiste su alimentación, y el resto de los alumnos puede decidir si siguen una alimentación sana o no y por qué.

5 Hábitos hispanos.

a) ¿Es típico?
Objetivo: Expresar opinión sobre algunos hábitos hispanos.
Para empezar: Pregunte a los alumnos si han estado alguna vez en algún país hispano o si conocen a algún hispano. Si es así, tal vez conozcan costumbres alimenticias o hábitos para estar en forma propios de estos lugares.
Procedimiento: Tal vez los alumnos no tengan mucho conocimiento del mundo hispano y de sus costumbres, en cuyo caso habrán de recurrir a ideas prefijadas o estereotipadas. Para que no se formen imágenes tópicas, introduzca las expresiones de opinión propuestas para matizar las ideas.
Los alumnos marcan las frases que ellos crean y, a continuación, en grupos de tres o cuatro personas, para facilitar el debate, expresan su opinión.
Ponga usted un ejemplo concreto de un país hispano que conozca: *Según mi experiencia, los españoles toman café muy fuerte*.
Tras la discusión, cada grupo puede ofrecer en el pleno sus propias conclusiones: *Creemos que en los países hispanohablantes se toma café muy fuerte*.

b) Impresiones personales. 1;15–19
Objetivo: Comprensión auditiva global para comprobar los resultados.
Procedimiento: Diga a los alumnos que van a escuchar a unos hispanohablantes conversar sobre sus experiencias en el extranjero. Pídales que tomen nota de algunas de las cosas que dicen sobre sus experiencias. Ponga la audición dos veces y pídales que comparen lo escuchado con sus ideas del ejercicio anterior.
Pregunte en el pleno para obtener la información recibida.
Solución: Tomar café muy fuerte; Beber agua del grifo; Cocinar con aceite de oliva; Comer mucho pescado; Comer pan en las comidas.
Y además: Si sus alumnos han estado en el extranjero de vacaciones o residiendo, pueden dar cuenta de sus experiencias personales en cuanto a los hábitos de alimentación y para estar en forma del país en que estuvieron. Intente evitar que caigan en las generalizaciones.

6 La receta del guacamole.

a) Una receta de cocina.
Objetivo: Comprensión lectora detallada. Deducir vocabulario por el contexto y con ayudas visuales.
Para empezar: Pregunte si saben qué es el guacamole. Si tiene una foto, puede pegarla en la pizarra para preguntar por este plato, su origen (México) y los ingredientes.
Procedimiento: Lea usted la receta lentamente, incluidos los ingredientes. Si los alumnos comprenden todos los ingredientes (si no, ofrezca su significado), les será más fácil comprender las instrucciones de la receta. Para explicar estas, hágalo visualmente y con gestos.
Una vez los alumnos han leído por sí solos la receta, tienen que traducir los cinco verbos. Por el contexto, lo deberían deducir sin problemas. De todas formas, aparecen unos dibujos al lado de cada verbo para ayudar al alumno.
Haga que comparen sus resultados en pequeños grupos y haga una puesta en común en el pleno.
Solución: cortar: schneiden; pelar: schälen; picar: hacken; añadir: hinzugeben; batir: schlagen.

b) Corte la cebolla...
Objetivo: Transformar un texto con instrucciones en infinitivo al imperativo.
Procedimiento: Pida a los alumnos que de nuevo presten atención a la receta del guacamole. Haga una transparencia y sobre ella marque algunos verbos en infinitivo. Explique que en las recetas a veces se usa el infinitivo para dar instrucciones y otras muchas, el imperativo.
Entre todos pueden marcar o nombrar el resto de infinitivos. Luego, pídales que los sustituyan por imperativos de *usted* y reescriban la receta.
Cada alumno puede leer una frase para hacer la comprobación final.
Solución: Pele la cebolla y el ajo y píquelos finamente. Pique también el chile. Corte el tomate en trozos pequeños y añádalo. Corte los aguacates, quíteles el hueso y saque el contenido con una cuchara. Haga un puré usando un tenedor. Mezcle todos los ingredientes, añádales el zumo de limón, sal, pimienta y cilantro a gusto. Si desea el guacamole más cremoso, se puede batir todo junto en la batidora. Sírvalo con nachos de maíz.
Y además: Pregunte a los alumnos si conocen otras recetas hispanas. En ese caso, pídales que escriban (con imperativos) la receta con sus ingredientes y la presenten en la clase. Si no conocen ninguna receta

hispana, pueden escribir una receta de su plato favorito.
Las recetas se pueden colgar en un tablón para que todo el mundo las conozca y tome nota de ellas.

Al final

a) Plan de salud para una semana.
Objetivo: Repaso y práctica escrita de los contenidos de la unidad. Elaborar un plan de salud.
Procedimiento: Como tarea final, se forman grupos de cuatro alumnos. Primero, se tienen que poner de acuerdo para elegir a una de las personas de los dibujos a la que le van a preparar un plan de salud. Explique que se trata de un adolescente comilón, una mujer que abusa de los medicamentos y una joven muy estresada.
Una vez ya saben quién es su personaje, piensan en un plan para que esa persona se sienta mejor: qué debe hacer, qué debe cambiar y, más específicamente, actividades para estar en forma, instrucciones para hacer gimnasia mediante ejercicios y sugerencias para una buena alimentación (con recetas, alimentos, menús, etc.).
Como el trabajo puede ser mucho y variado, los cuatro alumnos se lo pueden repartir después de haberse puesto de acuerdo sobre las características del plan de salud.
Todo lo que deben hacer ha sido ya practicado en la clase, pero posiblemente haya necesidades de vocabulario u otras expresiones. Ayude a los alumnos durante el proceso.
Sugiera a los alumnos que no escriban absolutamente todo, pueden hacerlo esquemáticamente, con listas de cosas. Luego, en la presentación pueden desarrollarlo un poco más.

b) Cada grupo presenta los resultados...
Objetivo: Presentación de la tarea final. Expresión oral y comprensión auditiva global para identificar al personaje.
Procedimiento: Uno por uno, los grupos salen a la pizarra y presentan su plan de salud. Anímeles a que participen todos, tal vez, presentando cada uno la parte que ha preparado.
Recuérdeles que no pueden mencionar al personaje. Serán los otros grupos quienes tengan que adivinarlo. Intente que el juego de adivinación se haga cuando ha terminado cada presentación para no estropearlo.
Los alumnos pueden votar por el plan más completo.

Rincón profesional

1 El estrés.

a) ¿Qué factores producen estrés?
Objetivo: Actividad de preparación para el ejercicio siguiente. Activación de vocabulario conocido.
Procedimiento: Escriba primero en la pizarra la palabra *estrés*. Pregunte en el pleno por los factores que lo causan. Anote uno de los que le digan e inicie un mapa asociativo.
Forme pequeños grupos, de tres o cuatro alumnos, y pídales que amplíen el mapa asociativo con más factores que producen el estrés. Deles para ello los minutos que crea convenientes.
Finalmente, un representante de cada grupo sale a la pizarra y escribe los factores de los que han hablado. Uno por uno, salen todos y escriben factores distintos a los anteriores, hasta formar el mapa definitivo.

b) Rellene este cuestionario...
Objetivo: Comprensión lectora detallada. Completar un cuestionario sobre hábitos en el trabajo.
Procedimiento: Presente el cuestionario sobre el nivel de estrés en el trabajo a los alumnos. Lea usted las preguntas y las respuestas y aclare las dudas. Pídales que lo completen de acuerdo con sus hábitos y que contabilicen los puntos.

b) Compare los resultados...
Objetivo: Comparar los resultados del cuestionario.
Procedimiento: En parejas, los alumnos comparan los resultados del cuestionario y comentan si están de acuerdo o no con ellos.

2 Dar consejos contra el estrés.

a) Consejos contra el estrés.
Objetivo: Práctica escrita controlada para dar consejos. Repaso del uso del imperativo.
Procedimiento: Lea usted los consejos contra el estrés en voz alta. Los alumnos, en las mismas parejas de la actividad anterior piensan en dos consejos para su compañero teniendo en cuenta los resultados que conocen del cuestionario y los escriben en la forma de *tú*.
Luego, se los dicen el uno al otro. Cada uno puede decir si considera apropiados para él los consejos que el compañero ha elegido.

b) En parejas. ¿Pueden formular un consejo más?
Objetivo: Práctica escrita libre para dar consejos. Uso del imperativo.
Procedimiento: Pida a los alumnos que, en las mismas parejas, piensen en otros consejos que se les

ocurran contra el estrés en el trabajo. Pueden pensar en su propia experiencia, en lo que ellos suelen hacer o creen conveniente.
Decida usted (dependiendo de la necesidad y del hábito de la clase) si quiere que lo hagan en la forma de *tú* o de *usted*.
Pregunte a cada pareja por el consejo o los consejos en los que han pensado.

Revueltos

Los revueltos tienen la función de repaso de los contenidos aprendidos en un nuevo contexto y de reflexión sobre el propio proceso de aprendizaje con sus éxitos o las dificultades surgidas. Además ofrecen la posibilidad de hacer un balance provisional de los progresos alcanzados. Si el revuelto coincide con el fin de curso, será un bonito broche final, pero puede ser muy motivador al empezar el curso o semestre puesto que le dará a usted la posibilidad de hacerse una idea general sobre los conocimientos del grupo y descubrir los déficit que surjan para brindarle a todo el curso una buena posición de partida.
Los tres revueltos tienen en general la misma estructura y persiguen los siguientes objetivos:

Estrategias de aprendizaje y "pequeños trucos" para aprender.
La primera página le brindará al alumno la posibilidad de reflexionar sobre el propio aprendizaje, intercambiar ideas con sus compañeros y llegado el caso emprender nuevos caminos. Está página puede darse como deber para casa, pero es recomendable tratarla en el grupo, ya que justamente al comparar e intercambiar los aprendientes con mayores dificultades perderán el temor a fracasar y recibirán sugerencias de cómo aprender de modo más eficaz.
En estas páginas el proceso de aprendizaje se convierte en objeto de la clase y se practica realmente el aprendizaje autónomo. De forma consciente, no se da una lista de estrategias de aprendizaje, sino que estas van unidas a pequeños experimentos prácticos y actividades para que el alumno las pueda descubrir por sí mismo y se anime a intercambiar sus propias experiencias con los demás.

Juego para repasar los recursos comunicativos aprendidos en las lecciones anteriores.
En cada casilla se le pide a los alumnos que reaccionen a determinadas situaciones y activen los conocimientos adquiridos en un contexto completamente nuevo.
A diferencia de otros manuales, las actividades no se presentan a propósito en un tablero de juego tradicional. Por una parte, se pretende que los alumnos vean la aplicación concreta en países, ciudades o regiones de habla hispana en los que se pueden encontrar como turistas. Además, podrán adquirir al mismo tiempo que juegan, informaciones geográficas y culturales de estos países. Si los alumnos muestran interés y si tiene usted suficiente tiempo, puede ofrecerles más información sobre los lugares mencionados.

Autoevaluación de acuerdo al Marco Común Europeo de Referencia.
La última página contiene una lista de las competencias que el alumno ha podido adquirir en las unidades anteriores. Acorde a las exigencias del Marco Común Europeo de Referencia, los alumnos deberán valorar ellos mismos sus propios conocimientos adquiridos. Al mismo tiempo, se les ofrece la oportunidad de demostrar que tienen las competencias marcadas a través de la formulación concreta de lo que "sabe hacer" (can-do-statements).

Reflexión intercultural
La unidad 12 cuenta con dos páginas de "reflexión intercultural". En ellas se han retomado contenidos culturales tratados a lo largo del libro (costumbres y comportamientos de la vida cotidiana), pero desde la perspectiva de reflexión sobre la "cultura": el significado de cultura y sus implicaciones en nuestro comportamiento y en nuestro contacto con personas de otros ámbitos culturales.
El objetivo de estas páginas es, en último término, el desarrollo de la receptividad del alumno ante la cultura de los países hispanohablantes, trabajando las actitudes positivas respecto a la diversidad cultural, erradicando prejuicios pero también observando y reflexionando objetivamente sobre los propios comportamientos culturales.

Unidad 4

Revuelto

1 Estrategias de aprendizaje: el uso del diccionario.

a) ¿Para qué sirve un diccionario?

Objetivo: Reflexionar sobre el uso de diccionarios en el aprendizaje de la lengua española. Aprender a usar el diccionario.

Procedimiento: Los alumnos se entrevistan unos a otros en parejas acerca de la utilidad de los diccionarios. Para ello, disponga a los alumnos en parejas. Puede ser un buen momento para emparejar a aquellos alumnos que menos se conozcan entre sí o que habitualmente no se sientan juntos. De esta manera, la encuesta será más significativa y ofrecerá resultados más inesperados.

Pídales primero que lean las preguntas y que se aseguren de que las comprenden.

Los alumnos se hacen las preguntas y toman notas de los resultados. Se puede ofrecer los más llamativos e interesantes en el pleno.

Otra opción es que los alumnos ofrezcan los datos y se recopilen de manera global a modo de estadística.

Lo más importante en esta actividad es no tanto que produzcan sin errores, sino recoger la percepción que tienen los alumnos sobre los diccionarios y su uso.

Y además: Puede ser interesante abrir una discusión en torno a algunos aspectos controvertidos del uso del diccionario: qué tipo o qué formato son mejores, su utilidad, la conveniencia de buscar siempre todas las palabras o de llevarlo a todos sitios, la alternativa electrónica, etc.

b) ¿Qué diferencias hay?

Objetivo: Analizar diccionarios y estudiar sus contenidos y diferentes tipos y formatos.

Procedimiento: Para esta actividad, es conveniente que antes de realizarla pida a los alumnos que traigan sus diccionarios a clase, todos los que tengan para aprender español. De esta forma se asegurará de que todos tengan sus diccionarios para compararlos.

Puede poner a los alumnos en grupos de 3 ó 4. Reparta los diccionarios entre los grupos y rótelos entre todos los grupos a medida que los estudian, así todos habrán visto todos los diccionarios y harán un análisis más exhaustivo.

Deles antes a los alumnos los aspectos a analizar: antigüedad y número de palabras (muéstreles cómo dar con esa información: en la página de créditos del diccionario y en la cubierta o prólogo), algunas palabras y traducciones completas (seleccione aquellas que se hayan visto en clase recientemente; para ello puede preguntarles qué palabras o expresiones les han resultado más difíciles de comprender en las últimas clases), precio, tipo de diccionario (bilingüe o monolingüe), anexos, etc.

Y además: Proponga a cada grupo que decida cuál es el mejor y el peor diccionario que han encontrado y por qué.

Teniendo en cuenta las características del grupo, del curso, los objetivos del curso y sus necesidades, intente orientar a los alumnos en la difícil tarea de elegir un buen diccionario.

2 Definiciones.

a) Mire estos extractos de diccionarios.

Objetivo: Familiarizarse con las entradas de diferentes tipos de diccionarios.

Procedimiento: Para realizar esta tarea sería conveniente que hiciera una transparencia de las cuatro entradas.

Pida a los alumnos que observen detenidamente las entradas y que intenten explicar qué información ofrecen señalándolo en la transparencia proyectada en la pizarra. La entrada de *piso* es de un diccionario español-alemán, las de "Leitung" y "Stück", de un diccionario alemán-español y la de *bajar*, de uno monolingüe.

Dé usted un ejemplo, como la trascripción fonética ['piso] o [baxár], o el género (*m*, *f* o *nt*). Ayúdeles a descifrar la información que desconozcan. Sería recomendable concentrarse en la información de

mayor interés para los alumnos: género, verbos transitivos o intransitivos, verbos pronominales, sinónimos, registro (coloquial, literario...), etc.
Si todos los alumnos usan el mismo diccionario, la actividad resultará más beneficiosa. En ese caso, puede revisar con los alumnos la página de abreviaturas que aparece al principio del diccionario.
Y además: Pida a los alumnos que escojan cada uno una entrada de su propio diccionario y que la expliquen a la clase.
También, usted puede asignar las palabras que buscarán de acuerdo con su categoría gramatical (sustantivo, adjetivo, verbo, adverbio, conjunciones, etc.) y así estudiar las diferentes informaciones que en cada una aparezcan.

b) Ahora traduzca estas frases.
Objetivo: Traducir frases haciendo uso de las entradas del diccionario.
Procedimiento: Los alumnos traducen las frases individualmente y con la ayuda de los fragmentos de la actividad a). No permita el uso de otros diccionarios, así los resultados serán más uniformes. Sólo si necesitan buscar otras palabras de las frases en el diccionario, podrán utilizarlo.
Los alumnos comparan sus resultados en parejas y después se ponen en común en el pleno.
Solución: 1. Wir haben endlich eine Wohnung gefunden. 2. Wohnst du im ersten oder im zweiten Stock? 3. ¿Quieres un trozo de tarta? 4. Para relajarte, tienes que bajar la cabeza. 5. Ich habe dich angerufen aber die Leitung war immer besetzt. 6. Los precios de las verduras han bajado en los últimos días. 7. Bájese en la próxima parada.
Y además: Con las entradas de esas palabras, propóngales que escriban más frases, tanto en español como en alemán. Después, en parejas, se intercambian las frases para traducirlas y posteriormente corregirlas. Supervise usted la producción escrita y de corrección y aclare las dudas que surjan en cuanto al uso del diccionario para traducir las frases.

3 Un paseo por Guatemala.

Objetivo: Revisar los contenidos de las tres unidades anteriores. Comprensión escrita de un texto sobre Guatemala.
Para empezar: Pregunte a los alumnos si han estado alguna vez en Guatemala o qué saben sobre ese país. Escriba en la pizarra con palabras clave lo que se diga en el pleno.
Utilice el mapa de América que viene al final del libro para situar el país y para que los alumnos conozcan su entorno geográfico.
Procedimiento: Explique a los alumnos las reglas del juego que aparecen en la página 238 del libro. Los alumnos juegan en grupos de tres o cuatro.
No es necesario que lean los textos antes de empezar a jugar. Pueden resolver las dudas a medida que avanzan preguntándose unos a otros o pidiéndole a usted ayuda.
Vaya anotando las palabras desconocidas en la pizarra junto con una definición o una traducción. Así servirán para posteriores explicaciones a otros grupos.
Y además: Pida a los alumnos que le comenten a usted qué tal ha ido el "viaje" y qué han aprendido sobre Guatemala.
Incluso puede pedirles que escriban como tarea para casa una postal como si hubieran estado realmente de vacaciones en Guatemala.

4 Actuar y comunicar.

Objetivo: Evaluar los conocimientos adquiridos en las unidades 1, 2 y 3.
Procedimiento: Presente los temas que se han trabajado en las anteriores unidades y explique que al final de las mismas los alumnos deberían ser capaces de realizar todo eso. Haga que en parejas comprueben sus conocimientos revisando cada punto y dando ejemplos de cada uno. Aquí cada alumno ayuda a su compañero a la hora de confirmar si recuerda bien o no cada cosa.
Si es así, pueden marcar cada tema. En el caso de que no se acuerden, anímeles a consultar el libro para refrescarles la memoria.
Compruebe que lo hacen bien moviéndose por la clase y escuchando a cada pareja. Si ve que las dudas son generalizadas, dé usted una explicación o remítales al libro para una revisión. Si es necesario, haga una práctica repetida o una actividad extra de las dudas no resueltas.
Otra alternativa es preparar las tareas como deber de casa. Recuérdeles que el propósito de esta autoevaluación es permitirles comprobar sus progresos.

Unidad 5

De fiesta

Página introductoria

¿Qué fiestas representan estas fotos?
Objetivo: Introducir el tema de la unidad y el vocabulario relacionado: las fiestas.
Procedimiento: Muestre las imágenes de la página introductoria de manera independiente. Haga para ello fotocopias y páseselas a los alumnos o proyecte transparencias de las fotos en la pizarra. Pregunte a los alumnos qué tienen en común esas imágenes y qué reflejan. Se trata de que los alumnos deduzcan el tema de la unidad a través de las fotos.
Una vez haya salido el tema, pídales que relacionen las fotos con las fiestas mencionadas en el libro. Aclare el vocabulario desconocido.
Solución: Las fotos representan, de izquierda a derecha y de arriba abajo, una boda, una barbacoa y un cumpleaños.

¿A qué foto se refiere la invitación?
Objetivo: Comprensión lectora global. Relacionar una invitación con una fotografía.
Procedimiento: A continuación, los alumnos relacionan la invitación con una de las fotos. Se trata de una invitación de boda. Traduzca si es necesario, y lo cree conveniente, el contenido de la invitación. Si lo desea, puede pedirles a los alumnos que comparen esta invitación con una de su propia cultura y observen las diferencias o similitudes.

¿Cuándo fue usted por última vez...?
Objetivo: Práctica oral personalizada.
Procedimiento: Pregunte a los alumnos por la última vez que fueron a una de esas fiestas y con qué motivo se celebraron.
Y además: Si el grupo tiene el suficiente nivel para ello, anímeles a recordar algún momento memorable de esas fiestas a las que acudieron y que lo compartan con el resto de la clase.

A. Os esperamos a cenar el sábado

Objetivos:
- Aspectos interculturales de las fiestas
- Invitar a alguien
- Ofrecer, aceptar y rechazar algo
- Pedir algo con cortesía
- Elegir entre dos alternativas
- Dar consejos

Recursos:
Una boda / un bautizo / una barbacoa... ■ *¿Te apetece...? / ¿Vienes...?* ■ *Por supuesto que voy. / Gracias por la invitación. / Lo siento mucho, pero.../ es que / ¡Qué pena! / Me encantaría / gustaría, pero...* ■ *¿Qué / Cuál / Cuáles prefieres?* ■ *En ese caso pediría más sal. / Yo en tu lugar llegaría muy puntual.*

Gramática:
- Los verbos *ir* y *venir*
- El uso de *qué* y *cuál / cuáles*
- El condicional

1 Un cuestionario sobre las invitaciones.

a) Invitaciones.
Objetivo: Práctica oral personalizada. Actividad de preparación del ejercicio posterior.
Procedimiento: Primero, pregunte a los alumnos con qué motivos la gente invita a casa. Escríbalos en la pizarra al mismo tiempo que los dicen y complételos usted, si los alumnos no los mencionan, con los que aparecen en la pregunta del libro (cenar, comer, tomar café y pastel, tomar un aperitivo o una copa después de cenar). Pregúnteles a continuación si ellos invitan a sus amigos o familiares a casa. Quizás sea interesante ver quién invita y cuáles son las ra-

zones para invitar o no invitar (vivir con los padres, compartir el piso, no tener dinero para invitar, etc.).

b) Lea este cuestionario y rellénelo.
Objetivo: Comprensión lectora para rellenar un cuestionario.
Procedimiento: Lea el cuestionario para pasar por todas las preguntas y despejar dudas sobre vocabulario y expresiones. Después de leer el texto, deje que los alumnos rellenen el cuestionario.

c) En parejas. Comparen...
Objetivo: Práctica oral. Comparación de resultados en parejas.
Procedimiento: En parejas, los alumnos comentan sus resultados. Cada alumno puede ofrecerlos personalizadamente, por ejemplo, *Yo invito normalmente a mis amigos*. O bien, simplemente comparan las marcas que han hecho en el cuestionario.
Anímeles a justificar sus respuestas entre ellos.

d) Cada pareja presenta al grupo...
Objetivo: Práctica oral. Presentación ante el pleno de puntos en común o divergentes.
Procedimiento: Finalmente, la pareja le cuenta a la clase dos aspectos que tienen en común y dos que les diferencian. Además, pueden dar explicaciones de cuáles son las razones para las divergencias. Intente que cada alumno presente tanto una cosa en común como una diferencia.
Y además: Los alumnos pueden recoger la tendencia mayoritaria de la clase en las respuestas del cuestionario para realizar la actividad 2 b).

2 Diferencias culturales.

a) Invitaciones... 1;20
Objetivo: Comprensión auditiva selectiva.
Para empezar: Si los alumnos conocen España o Latinoamérica o han estado allí, pueden contar al resto de la clase lo que saben sobre las costumbres referidas a las invitaciones.
Procedimiento: Explique que van a escuchar a unas personas de España y Latinoamérica hablar sobre las invitaciones en sus países. Pídales que lean las tres preguntas que aparecen en el libro y a las que tendrán que responder tras escuchar la audición. Ponga la audición una vez y tras escucharla, pida a los alumnos que comparen sus resultados antes de poner la audición una segunda vez para recoger o confirmar la información requerida.
Escriba en la pizarra los resultados que le proporcionen los alumnos. Si no salen todos, complete los resultados poniendo el fragmento de esos comentarios que faltan.

Solución: *¿Cuánto tiempo antes se invita?*: En Colombia y Chile llaman el mismo día. En Argentina la gente pasa por casa y entra.
¿Se llevan regalos? ¿Cuáles?: En España se suele traer algo, normalmente algo para beber. En Chile se lleva generalmente una botella o de vino o un postre. En Colombia siempre llevan ron o aguardiente. En Argentina se lleva una botella de vino. En Bolivia, nada.
¿Qué cosas no se hacen?: No se espera a que el anfitrión empiece a tomar la primera copa. En México no se debe llegar demasiado puntual. En Colombia los invitados no se pueden comer todo. Deben dejar algo en el plato. En Chile se acostumbra a dejar limpio el plato. En España hay que comerse todo.

b) Comenten los resultados...
Objetivo: Práctica oral. Puesta en común de los resultados. Comparación de hábitos culturales.
Procedimiento: En el pleno, abra una discusión para, primero, comentar los resultados y, después, compararlos con las costumbres de la cultura de los alumnos.
Intente moderar el debate y evitar que los alumnos hagan generalizaciones y juicios de valor. Se trata de que sean conscientes de la existencia de valores y costumbres diferentes pero no por ello menos válidas en cada contexto cultural.
Para ser positivos pregunte por las costumbres que más les gustan de las que han escuchado y pídales que digan por qué.

3 Una invitación para una fiesta.

a) Amparo y Vicente...
Objetivo: Comprensión lectora global.
Procedimiento: Los alumnos leen el mensaje de correo electrónico en el que se menciona la palabra *cumpleaños*, que es la que tienen que ofrecer como motivo de la fiesta.
Solución: Cumpleaños.
Y además: También puede escribir el mensaje de correo electrónico en la pizarra eliminando la palabra cumpleaños para que los alumnos la deduzcan. Pueden ofrecer diferentes posibilidades y ver si son todas válidas en ese contexto.

b) Lea el mensaje del móvil... 1;21
Objetivo: Comprensión lectora selectiva. Comprensión auditiva global.
Procedimiento: Explique que los invitados al cumpleaños de Amparo y Vicente están respondiendo por teléfono: José ha enviado un SMS y los demás han dejado un mensaje en el contestador automático.
Primero, pregunte por el SMS y si José puede venir o no. Escriba el mensaje en la pizarra y marque la

expresión para rechazar una invitación y ofrecer una excusa (... *pero es que* ...) para enfatizar que José no puede ir.
A continuación, pida que escuchen los mensajes para tratar de comprender quién viene al cumpleaños. Asegúrese de que antes leen los nombres de las personas para identificarlos mejor. Ponga la audición pausando cada mensaje. Póngala una segunda vez si es necesario. Después, los alumnos pueden comparar sus resultados.
Solución: Vienen Lidia, Alejandro, Anabel, Maite y Nacho.

c) ¿Qué decir cuando me invitan?
Objetivo: Comprensión auditiva selectiva. Presentación recursos para invitar, aceptar y rechazar una invitación.
Procedimiento: Copie y presente las expresiones del cuadro en la pizarra. Al tiempo que las repasa oralmente, ponga un ejemplo de las que están incompletas: *¿Te apetece ir al cine? / Lo siento mucho, pero tengo que estudiar*.
Muestre el ejemplo de Olivia para explicar la diferencia entre *ir* y *venir*, dependiendo de la perspectiva de la persona que habla. Relacione *ir* con *allí* y *venir* con *aquí*.
A continuación, y cuando las expresiones hayan quedado claras, ponga de nuevo la audición y pida a los alumnos que marquen las expresiones que escuchan.
Complete el cuadro con la ayuda de los alumnos. Si estos preguntan por las formas *gustaría* y *encantaría*, dígales simplemente que en este contexto son fórmulas de cortesía y que serán objeto de estudio en esta misma unidad.
Solución: Lo siento mucho, pero..., Gracias de todos modos. Sí que voy a ir. Por supuesto que voy. Seguro que vamos. ¡Qué pena! Nos encantaría ir..., pero es que...

4 Invite a sus compañeros...

Objetivo: Práctica oral para fijar las expresiones anteriores.
Para empezar: Presente a los alumnos las fotos del libro y pídales que se imaginen que ellos van a celebrar esas fiestas y que van a invitar a su compañero. Deles unos minutos para imaginarse el contexto y los detalles de las fiestas (motivos, invitados, lugar de celebración, hora, etc.).
Procedimiento: Los alumnos se levantan y proceden a invitarse unos a otros.
Anímeles a emplear las expresiones presentadas y a aceptar y rechazar una invitación. Pídales que ofrezcan también una buena excusa para rechazar la invitación.

5 Ofrecer.

a) Lea y escuche. 1; 22–25
Objetivo: Comprensión lectora global. Comprensión auditiva global. Presentación de expresiones para ofrecer y reaccionar.
Procedimiento: Los alumnos leen y escuchan los diálogos y resuelven las dudas léxicas. Recuerde el significado de la palabra *anfitrión*, que ya salió en la actividad 2 a).
En una segunda lectura haga que se concentren en localizar las cosas que se ofrecen. Haga una puesta en común en el pleno.
Solución: 1. Martini, jerez, campari, refresco. 2. Algo para picar (aceitunas y pinchos de tortilla). 3. Pollo. 4. Nada.
Y además: Si lo desea, puede pedirles a los alumnos que hagan una lista de lo que suele haber en una fiesta para beber y para comer. Así pueden contrastarlo con lo que aparece en el libro.

b) Complete el cuadro...
Objetivo: Sistematización de las expresiones para ofrecer y reaccionar.
Procedimiento: Pida a los alumnos que revisen de nuevo los diálogos anteriores para completar el cuadro de expresiones. Escriba usted el cuadro en la pizarra y pida a varios alumnos que salgan para escribir las expresiones que faltan. Entre todos se comprueba la corrección.
Puede ampliar las expresiones para reaccionar tanto positiva como negativamente preguntando a los alumnos si conocen otras.
Solución: ¿Qué tomáis? ¿Os apetece... ¿Quieres un poco más de pollo?

6 ¿Qué o cuál?

a) En parejas. Ofrezca estas cosas...
Objetivo: Práctica oral guiada para fijar las expresiones anteriores.
Procedimiento: Pregunte a los alumnos por las cosas que se van a ofrecer. Son una tarta, una cerveza y unas aceitunas, un café con leche, pan y un zumo de naranja.
Después, en parejas se turnan para ofrecerse esas cosas. El que ofrece debe insistir si su compañero rechaza el ofrecimiento. Intente que utilicen el mayor número de expresiones.
Recorra la clase para comprobar los resultados y ofrecer su ayuda con las dificultades.
Si se producen errores, pida a los alumnos que expliquen al resto de la clase cuáles han sido sus dificultades y la explicación recibida. Con esta forma de corrección, los alumnos prestan bastante atención y se esfuerzan por repetir la explicación recibida.

b) ¿Qué prefieres?
Objetivo: Sistematización del uso de *qué* y *cuál / cuáles*. Práctica oral guiada de estos pronombres interrogativos.
Procedimiento: Escriba en la pizarra los ejemplos del recuadro y debajo la regla en alemán para que los alumnos la deduzcan. Pida a los alumnos que reflexionen sobre el uso de *qué* y *cuál / cuáles* y que completen la regla.
A continuación, hacen una práctica en parejas para ofrecerse otras cosas. Compruebe que conocen el significado de todas las palabras.
Para comprobar los resultados, cada pareja puede representar un diálogo y el pleno lo corrige.
Solución: *Cuál / Cuáles* wird verwendet, um zwischen verschiedenen Sorten einer Sache auszuwählen.

7 Consejos.

a) El condicional.
Objetivo: Identificar la forma del condicional. Presentar su paradigma.
Procedimiento: Antes de volver a los diálogos de la página 40, pregunte si recuerdan lo que dice Amparo para pedir ayuda a su invitado (*¿Podrías ayudarme a poner la mesa?*). Escriba la frase del libro en la pizarra y complétela con la ayuda de los alumnos. Puede preguntarles a qué verbo corresponde (*poder*) y si perciben el valor de esa forma en esa pregunta. Explique que esa forma es el condicional simple del verbo *poder*.
A continuación, escriba las formas del verbo *comer* diciendo que es regular. Para que recuerden cómo se forma el condicional, explique que la terminación es la misma del imperfecto de los verbos terminados en *-er / -ir* que se añade al infinitivo del verbo (*comer + ía, ías, ía…*).
Dé otros dos verbos de las otras conjugaciones (*-ar / -ir*) para mostrar la uniformidad.
Pídales que comparen la forma *podrías* con las conjugaciones regulares. Notarán que es irregular y que contiene una alteración. Presente a continuación el resto de formas irregulares tal y como aparece en el libro y marcando la irregularidad.
Explique que esta forma se emplea para pedir algo de manera educada, para expresar posibilidad y para dar consejos. Ponga más ejemplos para ilustrar esos usos. Puede escribir uno o dos de cada en la pizarra y pedirles a los alumnos que decidan a qué uso corresponde cada frase.
Solución: Podrías.
Y además: Haga una práctica en parejas. Un alumno dice el infinitivo de un verbo y la persona y el compañero dice la forma en condicional. Ejemplo: *Estudiar, nosotros: estudiaríamos.*

b) En cadena. Usted está en casa de sus amigos.
Objetivo: Práctica oral guiada para fijar las formas del condicional.
Procedimiento: Pídales a los alumnos que imaginen que están en casa de unos amigos y surgen algunos imprevistos. Lea las situaciones y explique las dudas que tengan los alumnos con respecto al léxico. Dé usted el ejemplo que inicia la cadena. Haga una cadena para cada ejemplo pero si son muchos alumnos no la haga completa para no aburrirlos con el mismo ejemplo. Varíe el ejemplo cada 4 ó 5 alumnos.
Introduzca la forma con el pronombre o con *pues* para que los alumnos ofrezcan distintas posibilidades: *Yo me la comería. Pues yo no diría nada.*
Intente que los alumnos se corrijan los unos a los otros en la producción oral para fijar las formas.
Y además: Otra opción es hacer la práctica abierta en grupos de 3 ó 4, y una vez terminen con todas las situaciones informen a la clase de las coincidencias o discrepancias. De esa manera, emplean otras formas del condicional. Ejemplo: *Nosotros no diríamos nada, pero Peter se comería la comida.*

8 Meteduras de pata.

a) En una situación nueva…
Objetivo: Práctica oral personalizada. Preparación de la actividad posterior.
Para empezar: Cuente una pequeña anécdota en la que usted haya metido la pata alguna vez. Al final, puede introducir la expresión *meter la pata* y explicarla. Ofrezca, si no queda claro, expresiones similares (cometer un error, hacer algo inadecuado, etc.).
Procedimiento: Tras comentarles su anécdota, pida a los alumnos que piensen en una situación similar en la que ellos también han dicho o hecho algo inapropiado.
Para esta actividad es importante que los alumnos se sientan cómodos al contar las meteduras de pata. Por ello, realice usted el primer paso de la actividad. Pida voluntarios para contar anécdotas e intente que se haga en un ambiente distendido y relajado con buen sentido del humor.
Dígales a los alumnos que no se preocupen en exceso por la corrección para que no les resulte todavía más difícil hablar de los errores cometidos.

b) Guadalupe se acuerda…
Objetivo: Comprensión lectora selectiva.
Procedimiento: Lea usted primero el texto y a continuación, pídales a los alumnos que lo vuelvan a leer para localizar los errores que cometió Guadalupe, una chica hispanoamericana. Dígales que pregunten por las palabras que les impidan comprender el texto para resolver la actividad.

Ponga en común los resultados en el pleno y escriba las meteduras de pata de Guadalupe en la pizarra. Pregúnteles si les ha pasado algo similar en invitaciones a casa de amigos o familiares tanto en un país extranjero como en su propio país.
Solución: Guadalupe se puso un poco elegante y llevó un pastel a casa de los padres de su marido. No se quitó los zapatos al entrar en la casa.
Para ir a casa de sus tíos se puso unos vaqueros y un jersey viejo y no compró nada de regalo. Al llegar se quitó los zapatos.

c) Yo en tu lugar...
Objetivo: Práctica escrita. Redacción de consejos.
Procedimiento: Forme dos grupos de alumnos, los que pensarán en normas de comportamiento para una invitación formal y los que lo harán para una invitación informal. Pregúnteles antes por sus preferencias para estar en un grupo o en otro.
Pídales que piensen, desde su punto de vista y experiencia, en normas de conducta social para esas situaciones. Los alumnos las ponen en común en su grupo para llegar a un acuerdo sobre unos consejos para Guadalupe o alguien extranjero como ella. Propóngales, si lo ve necesario, un límite de consejos, unos diez. Cuando los tengan, pídales que los presenten en la clase. Cada alumno puede leer uno y el otro grupo puede anotarlos. Luego, a la inversa. A lo largo de la actividad, usted puede ir tomando nota de las dificultades y errores de los alumnos en el uso del condicional y comentarlos al final en el pleno.
Y además: Los alumnos tienen anotados los consejos propios y los del otro grupo y pueden mostrar su acuerdo o desacuerdo con estos. Por ejemplo, *Yo no llegaría muy puntual, llegaría en punto o unos minutos después. / Yo lo haría también.*

B. ¡Feliz cumpleaños!

Objetivos:
- Felicitar y dar las gracias
- Ofrecer un regalo a alguien
- Organizar una fiesta

Recursos:
Toma, esto es para ti. ■ *Gracias, ¡qué detalle! / ¿Pero por qué te has molestado?* ■ *Nada, nada. Es sólo una cosita* ■ *¿Quién le ha regalado las rosas? Se las ha regalado...*

Gramática:
- Los pronombres de objeto directo e indirecto

1 La abuela cumple 80 años.

a) El cumpleaños de la abuela Catalina.
1;26–29
Objetivo: Comprensión auditiva selectiva. Presentación de expresiones para felicitar.
Para empezar: Presente a la abuela Catalina indicando la fotografía e informe a los alumnos de que hoy es su cumpleaños: cumple 80 años y celebra una fiesta.
Para fijar la expresión *Es mi cumpleaños*, diga cuándo es el suyo y pregunte a algún alumno por el suyo. Pida que en parejas se pregunten los cumpleaños para practicar la expresión.
Procedimiento: Deje que los alumnos lean los diálogos. Resuelva las dudas de vocabulario. Luego, ponga la audición una vez y pregunte en el pleno por las expresiones que se dicen para felicitar a la abuela.
Solución: Feliz cumpleaños. ¡Que cumplas muchos más! Felicidades.
Y además: Tras escuchar la audición una vez más, pida a los alumnos que en parejas los practiquen, y que presten especial atención al énfasis y a la entonación exclamativa. Cada pareja puede representar un diálogo ante el pleno y entre todos se comenta la representación.

b) Lea los diálogos otra vez...
Objetivo: Comprensión lectora detallada. Sistematización de las expresiones para dar regalos y reaccionar.
Procedimiento: Copie el cuadro en la pizarra y pida a los alumnos que después de leer de nuevo los diálogos, lo completen con las expresiones que faltan.
Explique la costumbre española de abrir inmediatamente los regalos si a alguna persona le ha llamado la atención.

Comente que las expresiones *qué detalle* y *una cosita* tienen las connotaciones de agradecer la atención y quitar importancia respectivamente.
Solución: *Para dar un regalo:* Toma, esto es para ti. Mira, te he traído una cosita. *Para reaccionar:* Nada, nada, ábrelo. ¡Mujer, no es para tanto!

2 Regalos para todos/-as.

Objetivo: Fijación de los recursos para dar un regalo, agradecer y reaccionar ante el regalo.
Procedimiento: Primero, para que todos los alumnos reciban un regalo, escriba los nombres de cada alumno en un papel en blanco. Repártalos y pídales que escriban o dibujen un regalo para el compañero que les ha tocado. Dígales que piensen en cómo es su compañero y qué le puede gustar o qué puede necesitar.
Cuando todos tengan preparado su regalo, pídales que se levanten y lo entreguen utilizando las expresiones del cuadro.
Recorra la clase para comprobar cómo lo hacen. Anote los errores para comentarlos más tarde ante el pleno. Antes de mostrar los errores, alabe a los alumnos por su actuación y comente de manera personalizada lo bien que lo han hecho y el buen uso que han hecho de las expresiones.
Recuérdeles que deben guardar el papel con su regalo. Lo necesitarán más adelante para hacer la actividad 5.
Y además: Puede ser este un buen momento para hacer en clase el juego del amigo invisible. Para ello, se sortean los nombres de los alumnos y del profesor entre todos, y cada uno le hace un regalo a la persona a la que le ha tocado. Ponga un límite de dinero para gastar (poco). El día de la entrega de los regalos (puede ser al día siguiente), se ponen todos los regalos con el nombre de la persona y se abren. Cuando se abren los regalos, queda a elección de cada uno averiguar quién se lo ha regalado.

3 ¿Se acuerda...?

Objetivo: Revisar los pronombres de objeto directo e indirecto. Completar el cuadro de pronombres.
Procedimiento: Copie el cuadro de pronombres en la pizarra. Ponga a la izquierda los pronombres personales de sujeto y a la derecha los de objeto directo y los de indirecto. Con los ejemplos que aparecen a la derecha, los alumnos pueden completar los huecos. Escriba usted en el cuadro de la pizarra las formas que faltan con la ayuda de los alumnos. Recuérdeles que ya los conocen de *Caminos 1* pero que aquí los van a ver de manera conjunta. Marque las semejanzas entre *me, te, nos* y *os* y las diferencias entre los pronombres de tercera persona.
Solución: *Objeto indirecto*: me, te, le. *Objeto directo*: la.

4 Un texto raro.

Objetivo: Aplicar las reglas de los pronombres de objeto. Sustituir palabras por sus correspondientes objetos.
Procedimiento: Lea el texto en voz alta haciendo énfasis en las palabras que se repiten para llamar la atención sobre su innecesidad. Luego, los alumnos revisan el texto y hacen las sustituciones. Lo comparan con un compañero y se hace una puesta en común final como corrección.
Solución: comprarlo; les gusta; la compran; pagarla; pagarla; la han encontrado; Los saludan; con ellos; Les cuentan; les dicen.
Y además: Como alternativa al procedimiento de esta actividad, si el grupo lo permite, haga una copia del mismo texto sin poner las palabras en cursiva. Los alumnos leen el texto y tratan de descubrir qué palabras no son necesarias para repetir. Las identifican, las comparan con su compañero y juntos las sustituyen por los pronombres. Al final, se hace una puesta en común en el pleno.

5 Una cadena de regalos.

Objetivo: Práctica oral guiada del uso de pronombres de objeto.
Procedimiento: Los alumnos se muestran unos a otros el regalo que recibieron en la actividad 2 y se preguntan quién se lo ha regalado. Lo pueden hacer con el compañero de al lado o levantándose todos y preguntándose unos a otros para hacer una práctica más completa.
Supervise la corrección de la producción y comente, tras escuchar los diálogos de cada pareja, los errores. Ofrézcales la posibilidad de repetir el diálogo.
Y además: Si hizo en clase el juego del amigo invisible, puede adaptarlo a esta actividad en cadena. Los alumnos se muestran los regalos y dicen quién le ha hecho el regalo o quién cree que se lo ha regalado. Al final, se puede desvelar el misterio. Para ello, cada uno puede decir qué ha regalado y a quién.

6 En parejas. Los regalos de la abuela.

Objetivo: Práctica interactiva en parejas. Actividad de vacío de información. Fijación de pronombres de objeto.
Procedimiento: Forme parejas y asigne a cada alumno una página. Al alumno A, la 43 y al otro, la 106. Pídales que observen los dibujos. En algunos objetos faltan los nombres de las personas que han

regalado esas cosas. Asegúrese de que identifican correctamente los objetos y si hace falta diga en voz alta el nombre de todos ellos. El compañero tiene esa información y para obtenerla tienen que preguntarse unos a otros según el modelo.
Muestre antes el cuadro y explique que el pronombre de objeto indirecto de tercera persona se transforma en *se* cuando coincide con otros pronombres de objeto directo en la misma frase.
Los alumnos completan las etiquetas y cuando terminan comprueban los resultados con la página del compañero.

Al final

a) Una fiesta en el curso.
Objetivo: Repaso de los contenidos de la unidad. Organizar una fiesta de la clase.
Procedimiento: Forme grupos de tres y pídales que organicen una fiesta imaginaria para toda la clase. Entre los tres decidirán el tipo de fiesta, las actividades, la fecha, la hora, dónde será y qué música, comida y bebida habrá. También tienen que decidir cómo se reparten el trabajo entre los tres.
Como es una fiesta imaginaria, es de uso obligado utilizar el condicional, como en el modelo. Trate de que esto quede claro y de que se den cuenta de la necesidad de esta forma en este contexto.
Asista a los alumnos durante la práctica oral y resuelva las dudas que puedan tener tanto de vocabulario como gramaticales.

b) Escriban una tarjeta de invitación...
Objetivo: Práctica escrita. Escribir una invitación.
Procedimiento: Cada grupo escribe una invitación para el resto de la clase. En ella escriben los detalles de la fiesta que han decidido anteriormente.
Controle la producción escrita de cada grupo.
Cuando tengan las invitaciones preparadas, recójalas y repártalas entre los grupos de modo que cada grupo tenga una invitación.
Y además: Si el ambiente es propicio y tiene usted oportunidad, celebre una pequeña fiesta en la clase con algo de comer y de beber que pueden preparar y traer los alumnos. En la fiesta se pueden poner en práctica muchos de los recursos de la unidad. Puede resultar un buen broche final para terminar la unidad.

Rincón profesional

1 Invitaciones.

a) Lea estos textos y marque...
Objetivo: Introducción de expresiones para invitar a un encuentro / una celebración de trabajo.
Procedimiento: Presente los textos y explique que se trata de invitaciones, en un caso para acudir a una celebración, en otro para asistir a una reunión.
Los alumnos leen también las respuestas a estas invitaciones. Aclare dudas de vocabulario.
Pida a los alumnos que marquen las expresiones para invitar y para indicar el lugar y la fecha.
Haga una puesta en común en el pleno.
Solución: Tenemos el gusto de invitar a...; ...que tendrá lugar en Hotel Real Intercontinental (Ave. Roble s/n, frente a Mall Multiplaza), el viernes 27 del presente mes a partir de las 20.00 horas; Nuestra próxima reunión es el 1 de abril aquí en la planta de Tegucigalpa.

b) Responder a una invitación.
Objetivo: Sistematización de las expresiones para responder a una invitación.
Para empezar: Pregunte a los alumnos qué respuestas de las anteriores es formal y cuál es informal, y qué palabras lo indican.
Procedimiento: Los alumnos vuelven a leer las respuestas a las invitaciones y localizan las expresiones para responder a una invitación.
Escriba el cuadro en la pizarra y pregunte a los alumnos por las palabras o expresiones que faltan.
Solución: *Informal*: Es que; A propósito.
Formal: Me es posible; Aprovecho; cordial.
Y además: Pregunte a los alumnos qué funciones tienen las expresiones del cuadro (rechazar una invitación, dar excusas, aprovechar la ocasión para pedir algo, aceptar una invitación y despedirse) y si conocen otras para expresar lo mismo.

c) Elija una de las dos invitaciones...
Objetivo: Práctica escrita libre para responder a una invitación.
Procedimiento: Proponga a los alumnos que elijan una de las invitaciones de la actividad a) y respondan positivamente a la invitación con algunas de las expresiones del cuadro anterior. Muévase por la clase y ayúdeles en lo necesario.
Y además: Haga que los alumnos en parejas se intercambien las respuestas, las lean y descubran a qué invitación están respondiendo los compañeros.

2 Al teléfono. Relacione las expresiones...

Objetivo: Comprensión lectora global. Relacionar expresiones con el mismo significado.

Para empezar: Pida a diferentes alumnos que lean las frases y que piensen en qué contextos se pueden decir y cuál es el registro (formal o informal).
Procedimiento: A continuación, los alumnos relacionan las frases que expresan el mismo significado.
Solución: Ahora mismo no se lo podría decir, pero voy a intentar aclarar el asunto: No sé, a ver si puedo enterarme de lo que pasa. Lo siento mucho, pero el ingeniero Sánchez no se encuentra en este momento: Pues no, ahora mismo no está. Si desea más información, puede dirigirse a nuestra representante, la Sra. Padilla: Para informarte sobre los nuevos productos, llama a Carmen.
Y además: Divida la clase en parejas. Cada pareja escribe un pequeño diálogo para contextualizar las frases anteriores. Ellos mismos eligen una de las frases y el registro (formal o informal). O si no, puede usted asignar una frase a cada pareja. Al final, cada una puede representar en el pleno su diálogo.

3 La cortesía.

a) Cortesía en los negocios.
Objetivo: Práctica oral. Hablar de la experiencia personal y de las costumbres culturales con respecto a la cortesía.
Procedimiento: Haga en el pleno las preguntas propuestas. Deje unos minutos para que los alumnos piensen en su propia experiencia. No se preocupe por la disparidad de opiniones ni por llegar a una única respuesta. Es interesante que se vean distintos puntos de vista y actitudes en torno a la cortesía dentro de una misma cultura para no caer así en generalizaciones.

b) Cortesía en el mundo hispano.
Objetivo: Comprensión lectora selectiva.
Procedimiento: Lea usted el texto en voz alta. Diga a sus alumnos que se no se preocupen en exceso de comprenderlo todo y que más tarde se tratará el nuevo vocabulario.
A continuación, los alumnos marcan en el texto la información que da respuesta a las anteriores preguntas para el mundo hispano.
Haga de nuevo en el pleno las mismas preguntas del ejercicio a) a distintos alumnos, esta vez referidas al mundo hispano.
Recuérdeles que en Latinoamérica no se usa la forma *vosotros* y que se usa en su lugar *ustedes*.

c) Relacione estas palabras...
Objetivo: Relacionar expresiones nuevas con sus definiciones.
Procedimiento: Los alumnos leen las dos columnas y relacionan las expresiones con sus definiciones. Después, comparan con un compañero los resultados. Anímeles a leer el texto otra vez para comprobar. Pregunte a distintos alumnos para confirmar los resultados.

d) ¿Alguien ha tenido...?
Objetivo: Práctica oral para hablar de experiencias personales en el mundo de los negocios.
Procedimiento: Pregunte primero si algún alumno tiene o ha tenido experiencias de trabajo en otro país, no necesariamente hispano y, luego, si ha observado diferencias en los hábitos de cortesía.
Deje que los alumnos relaten sus experiencias intentando que todos participen. Para ello, pídales que piensen en sus experiencias también como turistas. Puede usted poner un ejemplo personal si dispone de él.

¡No hay problema!

Página introductoria

¿Qué problemas pueden ocurrir...?
Objetivo: Introducir el tema de la unidad: las vacaciones.
Para empezar: Sin que los alumnos abran el libro, haga en la pizarra una lluvia de ideas con ellos alrededor de las expresiones *las vacaciones de tus sueños* y *unas vacaciones horribles*. Ponga usted un ejemplo de cada para que quede claro (por ejemplo, *en la playa* y *con mal tiempo*, respectivamente). Pídales que piensen un rato y que digan todo lo que les hace pensar esas expresiones.
Procedimiento: Aproveche la lluvia de ideas anterior para preguntarles a continuación sobre los problemas más frecuentes que ocurren en vacaciones. Algunos ya habrán salido en la lluvia de ideas. Mantenga los que escribió en la pizarra y añada los que vayan diciendo los alumnos.

Lea la historia de Leo Verdura ...
Objetivo: Comprensión global de un cómic.
Procedimiento: Ya en el libro, presente el cómic de Rafa Ramos, Leo Verdura, que trata de las aventuras cotidianas de este león vegetariano y sus amigos. Deles tiempo para que lo lean y pregunten o busquen en el diccionario las palabras que les impidan comprender la historia.
A continuación, pregunte por las vacaciones del leopardo Raad y los problemas que ha tenido. Para ello, los alumnos hacen una segunda lectura selectiva del cómic.
Y además: Si el grupo tiene el suficiente nivel para ello, pídales que en parejas se cuenten la historia para comprobar si la han comprendido. Resuélvalo en el pleno preguntando a algún alumno. Compare ese problema (*ponerse enfermo*) con los que se dijeron en la lluvia de ideas y en la primera pregunta. Probablemente coincidirá.

Información:
Rafa Ramos: Rafael Ramos Morales (Riogordo, Málaga, 1943 – Pamplona 2000) trabajó durante años para diversas agencias extranjeras, así como para la Editorial Bruguera en la década de los setenta. En los ochenta recuperó su personaje Leo Verdura (que se había publicado previamente en Italia) para *El Pequeño País*, el suplemento de historietas del diario *El País*.

Y usted, ¿ha tenido este tipo...?
Objetivo: Práctica oral personalizada.
Para empezar: Pregunte a los alumnos si, como Raad, se han puesto enfermos alguna vez en un viaje. Anime a algún alumno a que comparta con el resto de la clase esa mala experiencia.
Procedimiento: Presente las expresiones que aparecen en el libro y asegúrese de que las entienden. A continuación, y para favorecer el relato de las experiencias, divida a la clase en pequeños grupos para que se cuenten qué tipo de problemas han tenido en vacaciones.
Y además: Según el nivel del grupo, pueden ampliar los relatos con más detalles. En ese caso pregunte a cada grupo por la historia más lamentable y por las peores vacaciones que han oído en su grupo.

A. ¡No se preocupe!

Objetivos:
- Presentar quejas y problemas
- Reaccionar ante las quejas
- Discutir sobre el turismo

Recursos:
Tenemos un problema. / ¿Y qué hacemos ahora?/ Esto no es lo que esperaba. / Esto no funciona. ■ *¡No se preocupe! / Ahora mismo me encargo de eso. / Lo lamento de verdad, pero...* ■ *La ventana está abierta. / Los platos están rotos.*

Gramática:
- *Estar* + participio

1 Problemas en vacaciones.

a) No siempre sale todo bien... 1;30–33
Objetivo: Comprensión lectoral global. Comprensión auditiva. Introducción de expresiones para presentar quejas y problemas.
Para empezar: Ponga la audición una vez sin que los alumnos vean el texto. Pregúnteles de qué situaciones se trata y quiénes son las personas que hablan.
Procedimiento: los alumnos escuchan de nuevo la audición y leen los diálogos. Pídales que subrayen las dudas y aclárelas. En una segunda lectura, pídales que se concentren en localizar los problemas que se presentan en los diálogos. Haga una puesta en común colectiva. Pídales, cuando se haga la comprobación, que repitan la parte en la que se menciona el problema.
Solución: 1. El hotel está completo. 2. El coche alquilado no tiene asiento portabebés. 3. Las maletas de los pasajeros no han llegado. 4. Hay mucho ruido en la habitación del hotel.
Y además: Puede poner de nuevo la audición y pedirles que presten atención a la entonación y a la pronunciación. A continuación, en parejas representan los diálogos. Preste especial atención a las expresiones de queja y de reacción, y haga que las repitan aisladamente si es necesario.
Otra opción es buscar el léxico relacionado con las vacaciones *(hacer / tener una reserva, la confirmación, habitaciones individuales, el hotel está completo, alquilar un coche, las maletas, cambiar de habitación, habitación con vista al mar, el equipaje)* y pedirles que lo amplíen por categorías: hoteles, alquiler de coches, vuelos.

b) Problemas, quejas y reacciones.
Objetivo: Comprensión lectora selectiva. Sistematización de las expresiones anteriores.
Procedimiento: Copie y presente las expresiones del cuadro en la pizarra. Se trata de algunas de las expresiones utilizadas en los diálogos para presentar un problema o quejarse y para reaccionar ante el problema. Los alumnos las pueden localizar en el texto para contextualizarlas.
A continuación, y cuando las expresiones hayan quedado claras, pida a los alumnos que completen el cuadro con las expresiones que faltan. Corrija en el pleno.
Solución: Tenemos un problema; ¡No es posible! ¿Y qué hacemos ahora?; ¡No se preocupe! Por supuesto nos encargamos de solucionarlo.
Y además: Pregunte si conocen más expresiones para presentar un problema o quejarse y para reaccionar. Tal vez partiendo de su propia lengua pueden obtener más.

2 En el chalet.

a) ¿Un lugar paradisíaco?
Objetivo: Interpretar un dibujo y completar frases. Introducir la construcción *estar* + participio.
Para empezar: Pídales a los alumnos que imaginen las circunstancias de las vacaciones de la pareja del dibujo: motivo de las vacaciones, relación entre ellos, lugar, tiempo del año, etc.
Procedimiento: Si puede, haga una transparencia en color del dibujo y proyéctela sobre la pizarra. Pídales que lean las palabras del dibujo y que piensen en aquellas otras cosas en las que ven un problema. A continuación, los alumnos completan las frases de la izquierda. Ponga usted un ejemplo: *Las toallas están sucias.* Escriba usted las frases incompletas en la pizarra y pida que cada alumno complete una.
Solución: El espejo está roto; Las toallas están sucias; No queda papel higiénico; El cubo de basura está lleno; Falta una bombilla; No hay agua caliente; Las camas no están hechas; La calefacción no funciona; El teléfono está desconectado; Los vecinos están haciendo mucho ruido.

b) ¿Qué ha pasado en el chalet?
Objetivo: Sistematización del uso de *estar* + participio.
Procedimiento: Copie el cuadro en la pizarra con los dos ejemplos y los participios en otro color. Para las dos frases incompletas, pida a los alumnos que las completen recordando el dibujo anterior. Hágalo usted también en el mismo color.
Pregúnteles de qué verbos proceden (*desconectar, abrir, romper, hacer*) y explique que se trata de los participios de dichos verbos pero en función de adjetivos. Por eso, a diferencia del participio del

pretérito perfecto, aparecen en singular o plural y masculino o femenino y concuerdan con el sujeto. Dé los ejemplos para cada frase en pretérito perfecto para compararlos: *El hotel ha desconectado el cable. Alguien ha abierto la ventana. Alguien ha roto los platos. El hotel no ha hecho las camas.* Explique que *estar* + participio presenta el resultado de esas acciones.
Si lo cree conveniente, haga un repaso de la formación de los participios y de los participios irregulares más frecuentes.
Solución: El teléfono está desconectado; Las camas no están hechas. En la regla: Das Partizip stimmt mit dem Subjekt überein.
Y además: Ponga un ejemplo de algo que no hay o funciona mal en la clase o en el centro. Escríbalo en la pizarra y pídales a los alumnos que piensen en más cosas. Entre todos, se presentan los problemas que pueda haber.

c) Vamos a quejarnos.
Objetivo: Interacción oral guiada para quejarse y reaccionar.
Procedimiento: Seleccione tres alumnos o pida tres voluntarios para que sean los recepcionistas. El resto serán los clientes con los problemas del chalet, que llegan todos a la vez a la recepción para quejarse. Separe a los tres recepcionistas un poco para que no se forme demasiada confusión en torno a ellos. Pídales que se preparen, a una señal suya, para presentar los problemas a los recepcionistas, y que intenten ser los primeros en obtener solución para su problema. Para esto, es importante ganarse la atención de los recepcionistas. Las estrategias para ello pueden ser distintas (se trata de imaginarse en una situación caótica). Estos tienen que reaccionar también con prontitud, muy importante, a las quejas ofreciendo soluciones. A medida que los clientes obtienen una solución se retiran.
En el pleno, los alumnos relatan su experiencia, los primeros, cómo consiguieron serlo; todos, qué problema tenían y qué solución se les dio.
Supervise el trabajo de los alumnos tomando nota de los posibles errores para comentarlos más tarde en el pleno.

d) ¿Ha tenido alguna vez...?
Objetivo: Práctica oral personalizada. Activar vocabulario relacionado con los problemas.
Procedimiento: En el pleno, abra un diálogo en torno a las experiencias de los alumnos con problemas en hoteles y cómo se solucionaron.
Ponga usted un ejemplo de sus vacaciones para abrir la conversación.

3 En parejas.

Objetivo: Redacción e interpretación de un diálogo. Fijar los recursos adquiridos en los ejercicios anteriores.
Procedimiento: Escriba y presente las situaciones en la pizarra para que cada grupo elija una. O bien, asigne una a cada pareja sin que el resto de los alumnos sepa de cuál se trata. Esto hará que los alumnos presten más atención a la representación para identificar la situación.
Deles unos minutos para que en parejas preparen el diálogo y dígales que es mejor que lo escriban. Antes se tienen que poner de acuerdo sobre quién es el cliente y quién el empleado.
Compruebe la corrección de los diálogos mientras los preparan.
Al final, cada pareja o una pareja voluntaria representa su diálogo ante el pleno y se comenta entre todos.

4 Los problemas del turismo.

a) Los turistas a veces...
Objetivo: Actividad de prelectura.
Para empezar: Haga una lluvia de ideas en torno a los problemas que puede causar el turismo y cómo afecta a los países de destino. Ponga usted un ejemplo (*la contaminación de la naturaleza*) y deje que los alumnos se expresen mientras usted escribe lo que ellos mencionen.
Procedimiento: Complete lo que digan los alumnos con los problemas presentados en el libro. Intente que los alumnos ofrezcan ejemplos de esos problemas según el conocimiento o la experiencia que tengan de ellos.

b) La opinión de un experto. 1;34
Objetivo: Comprensión auditiva detallada. Comprensión lectora detallada.
Procedimiento: Presente la fotografía del texto y pregunte a los alumnos qué les sugiere esa imagen. Aclare que se trata de un indígena de Latinoamérica y que van a escuchar y a leer más sobre cómo afecta el turismo a estas culturas.
Los alumnos escuchan y leen al mismo tiempo una entrevista con el profesor Hernán Mamani. Póngala una vez, y si es necesario una segunda vez. El objetivo es marcar lo que no se dice en la audición, es decir, las diferencias con respecto a la entrevista grabada. Aclare lo que no comprendan del texto.
Al final, los alumnos comparan con el compañero sus resultados, que se ponen en común en el pleno.
Solución: ...una serie de enfermedades que tiene el occidental, *como la gripe por ejemplo*; este es un primer problema *del turismo*; en contacto con estas personas *de la Amazonía*; objetos como por ejemplo,

una camisa, un pantalón, zapatos, lentes, *un celular*; llama la atención y *despierta* el interés; lo engancha *o introduce* en el negocio; con un fin económico, *para ganar dinero*; tendrán una experiencia *auténtica*, de primera mano; en este sentido, *conocer estas manifestaciones culturales* es una experiencia positiva.

c) Aspectos positivos y negativos...
Objetivo: Comprensión lectora selectiva.
Procedimiento: Los alumnos vuelven a leer el texto. Esta vez tienen que resumir los aspectos positivos y negativos del turismo. Pregunte a algunos alumnos y escriba los aspectos que le digan en la pizarra. Compare los resultados con los problemas que comentaron los alumnos en la actividad a).
Solución: Aspectos positivos: conocer otra cultura, vivir experiencias auténticas. Aspectos negativos: las enfermedades y los elementos culturales que llevan los turistas.

d) ¿Cuál es la actitud más sana...? 1;35
Objetivo: Comprensión auditiva global.
Para empezar: Pregunte a los alumnos cuál creen ellos que es la clave para acercarse a estas culturas y conocerlas mejor y qué actitud tiene que tener el turista. Cada alumno piensa en ello y ofrece su opinión.
Procedimiento: Explique que el profesor Mamani va a ofrecer su opinión también sobre este problema. Pídales que escuchen la audición y que tomen nota de lo que dice el profesor.
Los alumnos comparan en parejas los resultados de la audición. En el pleno se comenta la opinión del profesor y se compara con las opiniones que ofrecieron los alumnos antes de escuchar la audición.
Solución: La actitud más sana es ir con un deseo de aprender y de comprender a estas personas y a estas sociedades, dejando de lado sus prejuicios culturales, y considerar que esa cultura es una más sobre la tierra y que debe ser respetada y comprendida.

B. ¡Que se mejore!

Objetivos:
- Describir los síntomas de una enfermedad
- Dar consejos
- Pedir medicamentos

Recursos:
¿Qué le pasa / duele? ■ *Me duele el estómago. / Tengo fiebre. / Estoy mareado/-a. / Tengo dolor de muelas.* ■ *No fume. / Coma cosas ligeras.* ■ *Quería algo para el dolor de cabeza. / Deme algo para dormir. / ¿Qué puedo tomar contra la fiebre?*

Gramática:
- El verbo *doler*
- El imperativo negativo

1 ¿Qué le pasa?

a) En la consulta del médico.
Objetivo: Formular una hipótesis sobre una historia a partir de unas palabras. Presentación del léxico para la actividad posterior.
Procedimiento: Escriba las seis palabras en la pizarra y aclare el significado de las que los alumnos no comprendan o deje que lo hagan otros alumnos si las conocen.
Presente la situación: el señor Olmos va al médico, ¿qué le puede pasar teniendo en cuenta esas seis palabras? Deje que piensen en la historia e insista en que han de usar todas las palabras.
Cada alumno presenta su hipótesis ante el pleno. Entre todos deciden cuál es la historia más probable. Aclare que no hay una única solución, que varias pueden servir, y que a continuación podrán comprobar cuál es la historia real.

b) Lea el diálogo y complételo...
Objetivo: Comprensión lectora global. Completar un diálogo con palabras.
Procedimiento: Los alumnos leen el diálogo de la historia del señor Olmos en el médico y lo completan con las palabras de la actividad anterior.
En parejas, lo ponen en común mientras usted supervisa la corrección. Elija a una pareja que lo tenga correcto y pídales que interpreten el diálogo completo. Los demás alumnos corrigen sus diálogos con el modelo interpretado.
Presente la expresión *que se mejore* como una fórmula para desear que alguien se recupere.
Solución: Estómago; vomitar; gambas; mayonesa; receta; diarrea.

Y además: Haga una mayor explotación del diálogo pidiendo a los alumnos que busquen en él todo el léxico y expresiones relacionadas con la salud.

c) Síntomas y consejos. 1; 36

Objetivo: Compresión lectora selectiva. Comprensión auditiva selectiva.

Procedimiento: Ponga la audición y deje que lean al tiempo que escuchan. Los alumnos marcan las expresiones del señor Olmos para describir sus síntomas.

A continuación, pídales que marquen los consejos que le da la doctora al señor Olmos.

Haga una puesta en común para recoger los resultados.

Solución: Síntomas: Me duele el estómago; Estoy mareado; Tuve que vomitar tres veces; Tenía un poco de fiebre; Tengo diarrea. Consejos: No coma nada hoy; Beba mucha agua, con unas gotas de zumo de limón; No beba café ni té y, por supuesto, no fume; Coma cosas ligeras.

d) Lea otra vez el diálogo y complete.

Objetivo: Comprensión lectora selectiva. Completar un cuadro con expresiones para manifestar el estado de salud y con las formas del imperativo negativo.

Procedimiento: Copie los cuadros en la pizarra y pida a los alumnos que lean de nuevo los diálogos y los completen con las palabras que faltan. Anime a que algunos alumnos salgan a la pizarra para completar el cuadro.

Explique el verbo *doler* y compare su estructura con la del verbo *gustar*.

Recuerde que ya conocen las formas del imperativo en su forma afirmativa, que vieron en la unidad 3. Escriba un cuadro con el imperativo afirmativo y tres ejemplos de las tres conjugaciones. Indique que con las formas del imperativo afirmativo de *usted* podrán obtener todas las del negativo.

Comente que en español el imperativo negativo se forma partiendo de la primera persona del presente de indicativo (por ejemplo, *pongo*, *digo* o *pienso*). Los verbos terminados en *-ar* añaden *-e* y los terminados en *-er* e *-ir* añaden *-a*.

Existen además formas irregulares, como las presentadas en el cuadro, para *ir*, *ser*, *estar* y *dar*.

Solución: Me siento fatal; Estoy mareado/-a; Me duele el estómago; Tengo fiebre. Imperativo negativo: no coma.

Y además: Haga una pequeña práctica en parejas. Un alumno dice un verbo y una de las tres personas (*tú*, *usted* o *ustedes*), y el otro tiene que decir la forma del imperativo negativo.

2 Consejos médicos.

a) En la sala de espera... 1; 37

Objetivo: Comprensión auditiva detallada.

Para empezar: Presente la imagen del libro. Si puede, hágalo proyectándola en una transparencia y pregunte a los alumnos por la situación del dibujo: *¿Quiénes son esas personas? ¿Qué están haciendo? ¿Dónde están? ¿Están todos haciendo lo mismo?* De esta forma, los alumnos se sitúan para realizar la siguiente actividad y manejan el vocabulario correspondiente: pacientes, consulta, sala de espera, enfermera...

Procedimiento: Pida a los alumnos que observen de nuevo a los pacientes. Cada uno tiene un problema que los alumnos han de identificar escuchando la audición una primera vez.

Ponga la audición una segunda vez, pausando los fragmentos para que los alumnos tengan tiempo suficiente para identificar a los pacientes escribiendo el número del diálogo en la casilla correspondiente. Cada alumno indica el número del paciente haciendo referencia a dónde se encuentra en el dibujo.

Solución: De izquierda a derecha: 5; 3; 2; 8; 1; 6; 7; 4.

b) Apunte qué problemas tienen...

Objetivo: Práctica de vocabulario. Completar frases.

Procedimiento: Copie las frases en la pizarra y pida a los alumnos que las completen con los problemas de salud de los pacientes del dibujo.

Solución: 3. estómago. 4. piernas. 5. fiebre. 6. diarrea. 7. cabeza. 8. muelas.

Y además: Una vez está resuelta la actividad, haga énfasis en *duele* y *duelen* con los ejemplos de la actividad. Pida a los alumnos que den más ejemplos en singular y plural con dolores frecuentes.

c) Tres consejos del médico.

Objetivo: Práctica escrita y oral del imperativo. Dar consejos.

Procedimiento: Lea, y explique si es necesario, los consejos que aparecen en el libro.

Asigne en secreto un paciente a cada alumno. Si hay más alumnos que pacientes, no importa. Cada alumno escribe tres consejos para ese paciente. Dígales que usen el imperativo tanto afirmativo como negativo, como en el modelo. Revise el trabajo de los alumnos y corrija los posibles errores.

Al final, los alumnos leen sus consejos y el resto de los compañeros intenta adivinar a cuál de los pacientes se refieren. Anime a los alumnos a que ofrezcan consejos de su cosecha propia para esos pacientes.

Solución: Propuesta: Resfriado: Tome una aspirina; no fume; quédese en la cama. Dolor de muelas: Tome una aspirina; no tome alcohol; tome pastillas para dormir. Quemaduras: Póngase crema; no tome el sol; relájese. Dolor de estómago: Tome manzanilla; haga dieta de arroz cocido; quédese en cama. Fiebre: Tome una aspirina; acuéstese; duerma mucho. Dolor de piernas: Tome una aspirina; acuéstese; quédese en cama. Dolor de cabeza: Tome una aspirina; no tome alcohol; relájese. Diarrea: Haga dieta de arroz cocido; tome manzanilla; acuéstese.

3 Una enfermedad muy común. 1;38

Objetivo: Comprensión auditiva global. Práctica oral personalizada.
Procedimiento: Explique a los alumnos que van a escuchar a una persona hablar sobre una enfermedad muy común que ellos tienen que identificar. Ponga la audición dos veces y pregunte por la enfermedad en el pleno.
Luego, pregunte a los alumnos qué hacen ellos cuando tienen esa enfermedad, si es frecuente y qué remedios suelen aplicar.
Intente que aquellos alumnos que tienen remedios particulares se los ofrezcan a sus compañeros.
Solución: La gripe.
Y además: Si el grupo lo permite, ponga la audición de nuevo un par de veces para que los alumnos transcriban las informaciones más importantes de la audición. Los alumnos lo pueden hacer en parejas, uno se concentra en los síntomas y el otro, en los consejos. Al final, se cuentan lo que ha escuchado cada uno y lo comparan con lo comentado en la actividad.

4 Los medicamentos.

a) La farmacia en casa.
Objetivo: Presentación de medicamentos. Práctica oral personalizada.
Procedimiento: Presente la imagen del libro y explique que se trata de un botiquín. Pregunte a los alumnos si tienen uno en casa y qué contiene normalmente. Explique los nombres de productos que los alumnos no conozcan indicando para qué enfermedades se usan. Pídales que marquen los productos que tienen en casa.
Ponga usted un ejemplo personal sobre los medicamentos que se lleva de viaje y los que utilizó por última vez. Luego, pregúnteles a los alumnos en el pleno o pídales que lo comenten en grupos de tres o cuatro. Los alumnos pueden informar al resto de la clase sobre algún descubrimiento curioso que han hecho en la conversación con sus compañeros.

b) Una cadena de enfermos.
Objetivo: Interacción oral. Presentación de expresiones para pedir un medicamento.
Procedimiento: Presente las expresiones que aparecen en el cuadro. Se trata de expresiones que utilizamos en una farmacia para pedir un medicamento. Comente que si se sabe el medicamento, se pide directamente, si no, decimos *algo para / contra…*, explicando para qué lo queremos.
Explique la dinámica de la cadena: un alumno hace gestos para indicar qué le duele o qué problema tiene y el de al lado descifra los gestos y pide un medicamento apropiado. A su vez, este vuelve a hacer gestos al su compañero de al lado y así sucesivamente.
Tome nota de las dificultades que puedan encontrar los alumnos durante la actividad y coméntelas en el pleno cuando se complete la cadena.

Al final Un juego.

Objetivo: Práctica final. Revisión de los contenidos de la unidad.
Procedimiento: Para esta actividad, tiene que llevar a la clase tantos dados o monedas como grupos de 3 ó 4 alumnos haya y una ficha para cada alumno. Explique la dinámica del juego: los alumnos tiran el dado o la moneda. Si juega con una moneda, con cara avanza una casilla y con cruz, tres. Al caer en una casilla, el alumno tiene que responder a la pregunta. Sus compañeros deciden si la respuesta es correcta o no. Si lo es, permanece en la casilla y si está mal, retrocede a donde estaba antes.
Para jugar, puede presentar las expresiones *cara, cruz, me toca, te toca, tira, mueve.*
Supervise el juego de cada grupo para explicar las preguntas o para asistirles en las respuestas.
Gana el alumno que llega a la casilla 12, pero todos tienen que terminar.
Si usted detecta dificultades en alguna pregunta o contenido, proceda a revisar esa parte de la lección o a reforzar los conocimientos de los alumnos con una práctica extra.
Sería interesante que entre todos se comentasen las respuestas incorrectas que han dado los alumnos para aprender de los errores cometidos.

Rincón profesional

1 Reclamaciones.

a) Palabras importantes…
Objetivo: Introducir léxico del mundo laboral.
Para empezar: Para facilitar la tarea, pregunte qué tienen en común las catorce palabras y en qué contexto se pueden emplear.

Procedimiento: Lea en voz alta las palabras relacionadas con el mundo laboral. Los alumnos las relacionan con su traducción al alemán. Para ello, deje que busquen en un diccionario o que trabajen con un compañero.
Para comprobar los resultados, cada alumno da una traducción de una palabra española.
Solución: 1. Artikel; 2. Reklamation; 3. Angebot; 4. Zahlung; 5. Ware; 6. Bestellung; 7. Betrag; 8. Bestellnummer; 9. Rechnung; 10. Sendung; 11. Verspätung; 12. Stück; 13. Lieferdatum; 14. Ermäßigung.

b) ¿Cuál es el motivo...?
Objetivo: Comprensión lectora global. Introducción de frases útiles en correspondencia comercial.
Procedimiento: Explique que van a leer tres reclamaciones en las que aparece el léxico anteriormente traducido por lo que no les será difícil comprenderlas y relacionarlas con los motivos de dichas reclamaciones.
Haga una puesta en común en el pleno preguntando a tres alumnos distintos.
Solución: 3; 2; 1.

c) En su país, ¿se suele hacer...?
Objetivo: Práctica oral personalizada para hablar de reclamaciones.
Procedimiento: Haga la pregunta en el pleno y deje que cada alumno exprese su opinión recurriendo a sus experiencias o a sus conocimientos. Puede preguntar si alguna vez han presentado una reclamación, cómo lo han hecho o cuál es la forma que consideran más efectiva.
Y además: Si nota interés entre los alumnos por practicar una reclamación por escrito, pídales que piensen en algo que les haya pasado últimamente en una tienda o si no están satisfechos con algún servicio recibido. Los alumnos escriben una reclamación por escrito reutilizando algunas de las expresiones presentadas en la actividad.

2 Una reclamación por teléfono.

a) Escuche... 1;39
Objetivo: Comprensión auditiva global.
Para empezar: Haga una primera escucha de la audición para que los alumnos identifiquen las palabras de la actividad 1 a) que se mencionan (referencia, pedido, reclamación, mercancía, envío, retraso, descuento).
Procedimiento: Explique que la conversación telefónica se refiere a una de las reclamaciones de la actividad 1 b). Ponga la audición y pregunte en el pleno para resolver la actividad.
Solución: 2.

b) Escuche otra vez...
Objetivo: Comprensión auditiva selectiva. Introducción de expresiones de una reclamación telefónica.
Procedimiento: Pida a los alumnos que lean las expresiones del cuadro correspondientes a una reclamación telefónica.
Ponga de nuevo la audición. Ahora tienen que marcar las expresiones que se mencionen.
Los alumnos comparan sus resultados en parejas y cada una presenta una frase.
Solución: ¿Puedo hablar con el encargado de ventas?; Mire, le llamaba porque todavía no...; ¿Puede darme la referencia del pedido?; Lo siento mucho, pero resulta que...; Necesito que me confirme la fecha; ¿Cuándo podemos contar con su envío?

c) En parejas...
Objetivo: Simulación de una reclamación. Práctica oral interactiva.
Procedimiento: Divida la clase en parejas y pídales que elijan una de las otras dos reclamaciones de la actividad 1 b) y que se repartan los papeles. Deles un tiempo de preparación razonable y ayúdeles si lo necesitan. Pídales que recuerden el vocabulario y las expresiones de las actividades anteriores.
Sugiérales que practiquen la conversación varias veces poniéndose el uno a espaldas del otro (para hacer más real la práctica telefónica). Pida voluntarios para una demostración ante el pleno.

Unidad 7

¡Mucho trabajo!

Página introductoria

a) Mire estas fotos.
Objetivo: Introducir el tema de la unidad: el trabajo. Hablar de las actividades profesionales.
Procedimiento: Presente las fotos y pregunte primero por las profesiones de esas personas (peluquero, representante, policía y mecánicos).
A continuación, los alumnos leen las expresiones del cuadro. Si no entienden alguna, explíqueles con un ejemplo referido a una profesión que no sea de las fotos. Deje que los alumnos elijan una persona y describan su profesión. Haga una puesta en común en el pleno.
Y además: Un alumno piensa en una profesión, el resto tiene que adivinarla haciendo preguntas, pero sólo se puede responder *sí* o *no*. Las preguntas pueden proceder de las expresiones del cuadro. Ponga usted un ejemplo, piense usted en una profesión y deje que la adivinen los alumnos.

b) ¿Cómo es su propio trabajo?
Objetivo: Práctica oral personalizada.
Procedimiento: Explique su profesión con algunas de las expresiones del cuadro. Pregunte a los alumnos si están de acuerdo y si pueden añadir más aspectos de la profesión de profesor.
Luego les toca a los alumnos hablar sobre sus profesiones. Si algún alumno no trabaja, puede pensar en la profesión que tendrá o en la que le gustaría tener. Cada alumno presenta su profesión con ayuda de las expresiones anteriores.
Y además: Otra variante es que cada alumno diga algo sobre su profesión utilizando las expresiones del cuadro. El resto trata de adivinar cuál es.

A. El mundo del trabajo

Objetivos:
- Hablar del mundo del trabajo
- Describir objetos
- Describir operaciones con el ordenador y en Internet

Recursos:
ordenador / teclado / carpeta. ■ *Es útil / grande inútil / pesado. / Es de plástico. / Sirve para cortar.* ■ *Hacer clic. / Mover el cursor. / Cargar la página. / Imprimir / abrir / cerrar un documento.*

Gramática:
- El uso de *ser + de*
- El uso de *servir + para*

1 Hagan una encuesta en el grupo...

Objetivo: Práctica interactiva oral. Buscar información personal entre los compañeros.
Para empezar: Presente su experiencia profesional y dé respuestas personales a las preguntas de la actividad.
Procedimiento: Los alumnos leen las preguntas que ya conocerán por la presentación anterior. Para realizar la encuesta, pídales que en una hoja aparte copien las preguntas con un espacio para escribir el nombre de sus compañeros al lado. Se levantan todos y se hacen las preguntas unos a otros moviéndose por la clase. No hace falta que todos pregunten a todos, dé si quiere unos 10 minutos para que obtengan el máximo número de respuestas. Más tarde, se informa de los resultados en el pleno. La persona de la que se hable puede explicar más detalladamente la respuesta.

2 El escritorio.

a) Objetos de oficina.
Objetivo: Relacionar vocabulario con su imagen. Presentar el léxico de la oficina.
Procedimiento: Los alumnos leen la lista de palabras y las relacionan con los objetos en la foto. También tienen que decir qué objetos no aparecen en la foto. No hace falta que explique ninguna palabra pues podrán deducirlas fácilmente con la actividad. En parejas, comparan los resultados. Pregunte en pleno por cada objeto a un alumno diferente.
Solución: 1. pantalla / monitor; 2. teléfono; 3. tijeras; 4. bolígrafo; 5. lápiz; 6. CD-ROM; 7. teclado; 8. goma de borrar; 9. ratón; 10. celo; 11. archivador. Faltan la impresora, la fotocopiadora, la lámpara y la papelera.

b) En parejas. Describir un objeto.
Objetivo: Práctica oral interactiva. Introducción de expresiones para describir objetos.
Procedimiento: Presente las expresiones del cuadro para describir objetos. Elija un objeto que tenga a mano (por ejemplo, un bolígrafo), descríbalo y diga dónde está, por ejemplo, *Es útil y pequeño, es de plástico. Está encima de la mesa y sirve para escribir.* Si quiere, puede repasar el verbo *servir* y su irregularidad en presente (con el paradigma).
Cada alumno elige un objeto de la foto anterior y se lo describe al compañero con las expresiones del cuadro indicando además dónde se encuentra, como en el modelo. Su compañero lo tiene que adivinar. Luego cambian hasta realizarlo varias veces.

c) Su lugar de trabajo.
Objetivo: Práctica oral personalizada para hablar del lugar del trabajo.
Procedimiento: Pida a los alumnos que piensen en su lugar de trabajo. Pregunte a cada uno en el pleno y ayude a los alumnos con el vocabulario necesario para expresar dónde trabajan.
A continuación, pregúnteles por los objetos que pueden ver en su lugar de trabajo y por aquellos que pueden tocar y coger. Cada alumno presenta ante el pleno los objetos en los que ha pensado. Si no saben alguna palabra, dígales que describan el objeto para que el resto de los alumnos o usted le puedan ayudar.

3 En parejas. Necesito una cosa que…

Objetivo: Interacción oral para fijar las expresiones de descripción de objetos. Actividad de vacío de información.
Para empezar: Dígales a los alumnos que usted necesita un objeto, por ejemplo, un lápiz o una goma de borrar. Describa el objeto y explique para qué sirve hasta que los alumnos le digan el nombre.
Procedimiento: Forme parejas y asigne a cada alumno una página. Al alumno A, la 55 y al otro, la 106. Pídales que observen los dibujos. Se trata de un sacacorchos, una percha, un paraguas, una navaja, una bombilla y un abrelatas.
Cada alumno tiene dos columnas, una con objetos que necesitan y otra con objetos que tienen. El alumno explica el objeto que necesita y su compañero le dice el nombre del objeto. Se turnan para obtener el nombre de los objetos que necesita el compañero.

4 Navegar por Internet.

a) ¿Usted utiliza el ordenador? ¿Para qué?
Objetivo: Práctica oral para hablar del uso de los ordenadores. Preparación de la actividad posterior.
Procedimiento: Pregunte a los alumnos si tienen ordenador, si lo usan y para qué. Las expresiones que se dan pueden servirles de estímulo.

b) 'En línea'. ¿Qué están haciendo…?
Objetivo: Comprensión lectora selectiva. Presentación de léxico de informática e Internet.
Procedimiento: Pídales a los alumnos que observen la fotografía sin leer el diálogo. Pregúnteles dónde creen que están las personas de la foto y qué creen que están haciendo delante del ordenador.
Primero, los alumnos leen el diálogo en silencio y después, en parejas lo leen en voz alta repartiéndose los papeles. Entre los dos aclaran las dudas de vocabulario y deducen las palabras en negrita.
En el pleno, pregunte por cada expresión.
Y además: Si están en el aula multimedia, visite la página web de Klett con los alumnos y siga los pasos del diálogo para ilustrar las palabras en negrita.

5 ¿Sabe qué significan estos símbolos?

Objetivo: Iconografía informática. Relacionar palabras con sus símbolos.
Procedimiento: Dibuje o proyecte con una transparencia los símbolos del libro. Pregunte a los alumnos si los reconocen y dónde suelen aparecer. No importa si le dicen qué significan en su lengua, pues es así como los conocen.
A continuación, pídales que relacionen las siete expresiones con los iconos y haga una puesta en común en el pleno.
Y además: Si lo desea, pídales que piensen en otros iconos similares de un navegador de Internet o de un procesador de textos y que los dibujen en la pizarra. Un alumno dibuja uno y el resto dice qué significa. Ayúdeles para traducir al español el significado.

6 Marque los pasos necesarios...

Objetivo: Comprensión lectora. Ordenar las instrucciones para enviar un correo electrónico.
Procedimiento: Presente las frases de la actividad y aclare el significado de las que no entiendan los alumnos. Pídales que marquen sólo las que se refieren a cómo enviar un mensaje de correo electrónico y que después ordenen los pasos. En cadena, cada alumno presenta uno hasta completar todos. Recuérdeles que pueden utilizar las expresiones *primero, después, luego, por último,* para ordenar los pasos. Escríbalas en la pizarra para que todos las tengan presentes.
Al final, puede preguntarles si faltan más pasos necesarios para enviar un mensaje y que los incluyan en el orden de pasos.
Solución: Encienda el ordenador; abra su programa de correo electrónico; escriba su clave de acceso; haga clic en el símbolo de escribir correo; busque la dirección de un amigo; escriba el texto del correo; haga clic en "enviar".
Y además: Puede realizar también esta actividad repartiendo a cada alumno un papel con cada una de las frases. Con las frases visibles, los alumnos se ponen de pie y leen sus frases y las de sus compañeros. Se trata de que se pongan ellos mismos en orden en una fila india con el orden de los pasos para enviar un correo electrónico. Si no tienen frases con los pasos correctos, se autoeliminan o eliminan a los que no sean. Si hay más alumnos que papeles, los que no tienen papeles pueden ayudar al resto a ordenarse.

B. El futuro será diferente

Objetivos:
- Hablar sobre el trabajo en el futuro
- Describir profesiones
- Extraer información de ofertas de empleo
- Escribir una carta de presentación

Recursos:
Lo más importante es un buen clima de trabajo. / Lo menos importante es... ■ *Ser creativo, organizado, flexible. / Tener buena presencia, iniciativa, conocimientos de...* ■ *¿Pasas por la farmacia? / Un billete para Madrid.* ■ *Estimados señores y señoras: / Por la presente, me dirijo a ustedes para solicitar... / Esperando su respuesta, les saluda atentamente,*

Gramática:
- El futuro
- Las preposiciones *por* y *para*

1 El trabajo ideal.

a) Prioridades en el trabajo.
Objetivo: Expresar prioridades en el trabajo. Preparar la actividad posterior.
Procedimiento: Lea los aspectos relacionados con el trabajo y aclare las dudas con ejemplos de actividades profesionales (un trabajo de funcionario es un trabajo seguro, por ejemplo). Pida a los alumnos que ordenen de 5 a 1 los cinco aspectos más importantes para ellos.

b) Una estadística.
Objetivo: Práctica oral. Recopilar información para ofrecer los resultados del grupo.
Procedimiento: Para recoger los datos del grupo, puede hacer que los alumnos se pregunten y anoten los cinco aspectos más importantes de cada uno. Si no dispone de mucho tiempo, escriba los aspectos en la pizarra. Los alumnos entonces le van dando por turno sus valoraciones personales y usted las anota al lado de cada aspecto.
Al final, se suman y se exponen los resultados de los cinco más votados.
Y además: Pregunte por otros aspectos que pueden ser importantes para los alumnos a la hora de elegir un trabajo y por qué son importantes.

c) ¿Cuáles de los aspectos anteriores...?
Objetivo: Práctica oral. Describir profesiones.
Procedimiento: Deles un tiempo a los alumnos para que piensen en los aspectos que describen las

seis profesiones del libro. Póngalo en común en el pleno preguntando profesión por profesión.
Anime la discusión si surgen discrepancias pidiendo a los alumnos que argumenten su opinión.
Y además: En parejas, los alumnos pueden debatir los aspectos que tienen sus respectivas profesiones.

2 El futuro.

a) El futuro del trabajo. 1;40
Objetivo: Comprensión auditiva detallada. Presentación del futuro.
Procedimiento: Antes de poner la audición, explique que van a escuchar una entrevista con el Ministro de Trabajo, en la que habla sobre el futuro del trabajo. Pregúnteles por el cargo equivalente en su país.
Ponga la audición una vez sólo para que los alumnos se familiaricen con las voces y tomen contacto con el texto. Se trata de que hagan una comprensión global.
A continuación, pídales que lean las frases de la actividad. Explíquelas si hace falta. Ponga de nuevo la audición para que marquen las frases que se correspondan a lo dicho en la audición. Ponga la audición otra vez si se lo piden.
Haga una puesta en común en el pleno.
Solución: En algunos casos, dos personas compartirán un puesto de trabajo; Trabajaremos con un horario flexible; La gente tendrá más tiempo libre; El trabajo sí tiene futuro.

b) En las frases hay un tiempo nuevo...
Objetivo: Sistematización del paradigma del futuro.
Para empezar: Lea de nuevo las frases anteriores y pregunte a los alumnos por el tiempo en que están escritas. Se trata del futuro, que aquí se presenta. Pregunte por las personas de cada forma verbal y escríbalas en la pizarra.
Procedimiento: Copie el cuadro de las formas regulares de futuro marcando la terminación en un color diferente y pregunte por las formas que faltan (*trabajaremos* y *trabajarán*). Explique que el futuro se forma a partir del infinitivo ("Infinitiv", en la regla) seguido de la terminación.
A continuación, copie las formas irregulares de la primera persona y pida a los alumnos que escriban los paradigmas completos. Cada alumno puede leer después uno diferente. Haga énfasis en que la terminación de los irregulares es la misma que la de los regulares, pero cambia la raíz, que es igual que la del condicional, que estudiaron en la unidad 5. Para ello, pídales a los alumnos que recuerden una forma del condicional irregular y que digan la correspondiente en futuro.

Y además: Haga una práctica en parejas. Un alumno dice el infinitivo de un verbo y la persona y el compañero dice la forma en futuro. Ejemplo: *Ser, vosotros*: *seréis*.

c) Según su opinión...
Objetivo: Práctica oral personalizada.
Procedimiento: Pregunte a los alumnos qué más recuerdan de las palabras del ministro. Debata con ellos sobre si están de acuerdo con sus predicciones. Reserve la discusión sobre otros aspectos del trabajo en el futuro para la actividad 3.

3 ¿Cómo se imagina...?

Objetivo: Hacer predicciones sobre aspectos del trabajo en el futuro. Fijar las formas del futuro.
Procedimiento: Anímeles a que expresen sus propias predicciones sobre el futuro del trabajo y en particular sobre los aspectos que aparecen en el libro. Aclare dudas de vocabulario. Deles unos minutos para que se imaginen cómo serán y para que lo escriban.
Luego, se puede abrir una discusión en el pleno. Tome nota de los errores que cometan los alumnos en las formas del futuro y coméntelas en el pleno.

4 Cualidades profesionales.

a) Profesiones.
Objetivo: Práctica escrita. Introducción de recursos para describir profesiones.
Procedimiento: Copie los adjetivos de la izquierda del cuadro y diga que son características para describir profesionales. Indique que se usan con el verbo *ser*. Luego, copie las palabras de la derecha y aclare que se usan con el verbo *tener*. Para explicar el significado de las palabras que no entiendan, relaciónelas con una profesión típica, por ejemplo, *buena presencia*: *vendedor*.
Los alumnos piensan en dos profesiones y las relacionan con las características del cuadro, como en el modelo.

b) Un médico tiene que ser...
Objetivo: Práctica oral para fijar recursos de descripción de profesiones.
Procedimiento: Ahora, los alumnos describen en el pleno las profesiones en las que han pensado. Ponga como ejemplo el modelo, con la expresión de opinión *Para mí*. Puede sugerir otras expresiones que ya han visto para expresar opinión como *En mi opinión*, *Yo creo que*, *Según mi experiencia...*
Para reaccionar, presente expresiones para mostrar acuerdo (*Sí, es verdad*, *Estoy de acuerdo*), acuerdo

parcial (*Sí, pero...*) y desacuerdo (*¡Qué va!, No estoy de acuerdo...*).
Cada alumno describe sus profesiones y el resto reacciona mostrando acuerdo o desacuerdo y por qué.

c) En parejas.
Objetivo: Práctica oral personalizada.
Procedimiento: Pida a los alumnos que se describan ellos mismos, con respecto al trabajo, utilizando las expresiones del cuadro anterior. Deles un tiempo para pensar y buscar más palabras si las necesitan. Luego, en parejas se describen hablando con el compañero.
Pregunte al final a cada pareja si han encontrado puntos en común y cuáles son.

5 Un negocio redondo.

a) Mire la foto...
Objetivo: Identificar la profesión de una persona por una fotografía. Fijar recursos de descripción.
Procedimiento: Presente la imagen del libro y pregunte a los alumnos si han visto alguna vez a una de estas personas por las calles y si conocen su profesión. Se trata de un mensajero en bicicleta o de un repartidor.
Pregunte cómo se imaginan su trabajo y las cualidades profesionales que debe tener un mensajero o repartidor.

b) Servicio a domicilio.
Objetivo: Presentación del léxico de la actividad posterior. Relacionar palabras con sus definiciones.
Procedimiento: Presente las expresiones que aparecen en el cuadro. Se trata de palabras que aparecerán en un texto que leerán a continuación. No explique ninguna expresión ya que los alumnos las relacionarán por conocimiento del mundo, por hipótesis o por eliminación.
Pídales que relacionen las palabras con sus definiciones y que comparen los resultados con su compañero. Haga una puesta en común en el pleno preguntando por una expresión a cada alumno. Aclare el significado de las que no comprendan.

c) Una idea de negocios.
Objetivo: Compresión lectora global. Titular un texto.
Procedimiento: Los alumnos leen primero el texto en silencio. Recuérdeles que en este texto aparecen las expresiones de la anterior actividad y que les será más fácil comprenderlo ahora.
A continuación, léalo usted en voz alta y aclare las dudas. Cuando el texto esté comprendido, propóngales que le den un título.
Cada alumno presenta su título y usted los va escribiendo en la pizarra. Al final, se busca el título más original.
Y además: En parejas, cada alumno selecciona cinco o seis palabras o expresiones del texto relacionadas con el mundo empresarial (por ejemplo, *aumentar el sueldo*). Luego, se las dice al compañero, quien deberá explicarlas ayudándose del texto que han leído (por ejemplo, los empresarios aumentan el sueldo de la persona que trabaja bien).

d) ¿Qué servicios a domicilio...?
Objetivo: Práctica oral personalizada.
Procedimiento: Pregunte a los alumnos si conocen un negocio similar en su ciudad. Pídales que los describan y que expliquen si los utilizan.
Y además: Se puede hacer un ránking de los servicios a domicilio más populares y pensar entre todos en un nuevo servicio a domicilio que aún no exista.

6 Por y para.

a) 'Por' y 'para'. Marque...
Objetivo: Sistematización y práctica de los usos de *por* y *para*.
Procedimiento: Escriba el cuadro del libro en la pizarra. Pregunte en el pleno si comprenden los usos de *por* y *para* en esos ejemplos y explique el valor de cada preposición. *Por*: parte del día, causa, precio y lugar de paso. *Para*: límite en el tiempo, destino o destinatario, finalidad, opinión.
A continuación,los alumnos leen las frases que se refieren al texto anterior y eligen en cada caso *por* o *para*.
Compruebe los resultados en el pleno.
Solución: 1. para; para. 2. para; por; para. 3. por; por. 4. por; para.
Y además: Al final puede pedir a los alumnos que añadan los ejemplos de las frases al cuadro y que expliquen su valor.

b) ¿Qué otras expresiones...?
Objetivo: Repaso de expresiones con *por* y *para*.
Procedimiento: Pregunte por otras expresiones con *por* y *para* que conozcan los alumnos. Pídales que individualmente hagan una lista. En el pleno pregunte por las expresiones y añádalas al cuadro que escribió en la actividad a). En cadena, cada alumno dice un ejemplo sin repetir los que hayan dicho sus compañeros. De esta manera, se escuchan unos a otros y se completa la lista entre todos.

7 Búsqueda de empleo.

a) Se busca...

Objetivo: Presentación de una oferta de trabajo. Ordenar los elementos de una oferta de trabajo.
Para empezar: Explique que la empresa de los dos jóvenes de la actividad 5 está haciendo una selección de personal. Pregunte a los alumnos si se les ocurren qué profesiones pueden solicitar para trabajar en esa empresa. Haga una lluvia de ideas en la pizarra con las profesiones que le digan.
Procedimiento: Presente el anuncio de trabajo y aclare que la información de la derecha está desordenada. Explique los términos de la izquierda si es necesario. Los alumnos ordenan la información y lo comparan con un compañero.
Solución: Se busca: telefonista; Tipo de contrato: temporal (un año)...; Se requiere: experiencia mínima...; Se ofrece: curso de formación...; contacto: enviar carta...
Y además: Los alumnos pueden redactar una oferta de trabajo. Lo pueden hacer ofreciendo su propio trabajo con información real. Si no tienen trabajo, lo pueden hacer con un trabajo que ellos busquen. Cuando los tienen listos y una vez usted ha comprobado su corrección, cuélguelos en un lugar visible. Los alumnos se levantan, los leen y todos eligen una oferta que les interese.

b) La carta de presentación.

Objetivo: Introducción de la estructura y fórmulas de una carta de presentación.
Para empezar: Pregunte si saben qué es una carta de presentación, si han escrito una alguna vez y para qué. Anuncie que va a leer una carta de presentación en voz alta. Pídales que tomen nota de la información que escuchen.
Procedimiento: A continuación, leen ellos la carta y responden a las preguntas del libro. Insista en que las expresiones que aparecen en la carta son fórmulas establecidas y que conviene aprenderlas como tales.
Se hace una puesta en común en el pleno para responder a las preguntas.
Solución: Se ha enterado por internet; Le interesa porque se mudará a Madrid, porque la empresa le parece joven y dinámica y la idea de trabajar en equipo le gusta mucho; Piensa que es la persona adecuada porque ya ha trabajado como telefonista en el Departamento de Reclamaciones de unos grandes almacenes.

c) ¿Piensa usted...?

Objetivo: Práctica oral. Hablar sobre la capacidad de una persona para trabajar en una empresa.
Procedimiento: Cada alumno decide si Elena es la persona adecuada para el puesto. Los alumnos tienen que justificar su decisión y decir por qué sí o por qué no y en ese caso qué le falta. Anime a los alumnos a emplear las expresiones que han aprendido en la actividad 4 a).

8 Ofertas de empleo.

Objetivo: Práctica escrita. Redactar una carta de presentación.
Procedimiento: Pida a los alumnos que lean las dos ofertas de empleo del libro, una para extras de cine y la otra para profesores. Tienen que elegir la que más les atraiga y escribir una carta de presentación solicitando el puesto.
Presente las frases del cuadro con más expresiones útiles para escribir la carta de presentación. Para explicarlas, utilícelas en la carta anterior de Elena sustituyéndolas por aquellas que expresan lo mismo.
Y además: Una alternativa es que cada alumno escriba en casa una carta de presentación para la oferta de empleo que eligió en la actividad 7 a). En la clase siguiente los alumnos entregan la carta a la persona que escribió el anuncio y esta la lee y decide si la persona es adecuada para el trabajo.

Al final

a) Su propia empresa...

Objetivo: Práctica oral. Revisión de los contenidos de la unidad. Creación de una empresa.
Procedimiento: Diga a los alumnos que van a crear una empresa juntos y que para ello tienen que formar un grupo de tres y ponerse de acuerdo sobre el tipo de negocio, lo que necesitarán y el puesto de cada uno. Controle el trabajo de los alumnos, asistiéndoles en lo que necesiten. Guíe usted las conversaciones para que se emplee de manera generalizada el futuro.
Déles unos 20 ó 30 minutos para que puedan discutir todos los aspectos requeridos y pídales que anoten las decisiones que tomen.

b) El Ministerio de Economía...

Objetivo: Práctica escrita. Redacción de una carta de presentación de la empresa.
Procedimiento: Anuncie que el Ministerio de Economía (que usted representa) dará un premio a la idea más original para una empresa nueva.
Para ello, el grupo tiene que escribir una carta en la que se presenta la idea con lo que se ha discutido y acordado en la actividad anterior.
Recuérdeles la necesidad de emplear el futuro debido a la probabilidad del proyecto y un registro formal en la redacción de la carta.
Usted puede leer las cartas y hacer de jurado del Ministerio para otorgar un premio a la mejor idea.
Cree otros premios para que todos se vean recom-

pensados por el esfuerzo, por ejemplo, a la idea mejor presentada, al proyecto más divertido, al más innovador, al proyecto más arriesgado...
Y además: El día de la entrega de premios, los grupos pueden hacer una presentación de sus proyectos ante el resto de la clase. Propóngales que les den nombres a sus empresas.
A continuación, usted les entrega los premios.

Rincón profesional

1 Cargos empresariales.

a) El organigrama...
Objetivo: Comprensión escrita. Comprender un organigrama empresarial. Relacionar departamentos con sus funciones.
Para empezar: Asegúrese de que comprenden el significado de *compañía de seguros*. Pregunte en el pleno a qué se dedica una compañía de seguros. Explique el significado de los verbos *ocuparse*, *encargarse* y *llevar*. Ponga un ejemplo con la institución en la que usted trabaja y pregunte después a los alumnos por su función en sus empresas.
Procedimiento: Los alumnos estudian el organigrama y relacionan los departamentos con las funciones que aparecen a la derecha.
Haga una puesta en común en el pleno.
Solución: 1. Departamento jurídico; 2. Departamento de Márketing; 3. Departamento de Contabilidad; 4. Departamento de Informática; 5. Departamento de Recursos Humanos; 6. Departamento de Ventas.

b) Profesiones y cualidades.
Objetivo: Práctica oral. Repaso de expresiones para describir cargos profesionales.
Procedimiento: Pregunte por las profesiones de los trabajadores de la compañía de seguros de la actividad a). Pídales que piensen en ellas y en las cualidades que deben tener para ese puesto.
Ponga el modelo como ejemplo.
Cada alumno escribe lo que piensa y al final se pone en común en el pleno.

2 Situaciones en el mundo del trabajo.

a) Situaciones de trabajo...
Objetivo: Práctica oral. Imaginar el contexto de una situación de trabajo. Preparación para la actividad posterior.
Procedimiento: Pida a los alumnos que observen las fotos y que digan en el pleno qué creen que pasa en cada situación.
Solución: 1. Está presentando a una compañera. 2. Se están presentando. 3. Está dando una presentación.

b) ¿A qué fotos se refieren...?
Objetivo: Comprensión escrita global. Introducción de expresiones de situaciones en el trabajo: presentaciones, dar la bienvenida y agradecer.
Procedimiento: Pida a los alumnos que lean las expresiones y que las relacionen con las fotografías.
Solución: 2; 1; 3.

c) Escuche y compruebe. 1;41–43
Objetivo: Comprensión auditiva global. Comprobar los resultados de la actividad
Procedimiento: Ponga la audición para que los alumnos comprueben los resultados la actividad b).
Y además: Proponga a los alumnos que en parejas elijan una situación de las fotos y continúen los diálogos que pueden originar las frases de la actividad 2 b). Al final, las pueden interpretar en el pleno.

Revuelto

1 Estrategias de aprendizaje: Descripción de objetos. Comprensión auditiva.

a) ¿Recuerda cómo...? 2; 1

Objetivo: Describir objetos. Comprensión auditiva global.
Para empezar: Esta actividad tiene como objetivo crear las condiciones que permitan a los alumnos desarrollar estrategias para favorecer el uso de la lengua con fines comunicativos. Se trata de que los alumnos reconozcan estas estrategias y el valor que tienen en el proceso de aprendizaje de la lengua.
En este caso, el alumno se ve obligado a comunicar e interpretar significados que se encuentran más allá de sus recursos lingüísticos. Para ello, los alumnos emplean paráfrasis, ejemplos, comparaciones, mímica, creatividad, dibujos, etc., que les permitirán satisfacer sus objetivos comunicativos.
Procedimiento: Pida a los alumnos que observen los dibujos de los tres objetos que ya aparecieron en la Unidad 7, página 55. Pregunte si recuerdan sus nombres (abrelatas, sacacorchos y navaja). Pregunte por los recursos que se presentaron para describir objetos en el que caso de que no sepamos su nombre y en otro tipo de recursos que a ellos se les ocurran para describir un objeto.
A continuación, ponga la audición en la que se describe uno de los objetos que ellos tienen que identificar.
Solución: Un sacacorchos.

b) Escuche otra vez.

Objetivo: Comprensión auditiva detallada. Estrategias de comunicación.
Procedimiento: Los alumnos vuelven a escuchar la audición para identificar la forma en que la persona describe el objeto.
Solución: Ha explicado cómo es. Ha dicho para qué sirve.
Y además: Para dejar claras las estrategias de comunicación que se presentan en el libro, realice con los alumnos una práctica consistente en describir un objeto de diferentes maneras. Usted dice un objeto y cada alumno lo describe de una de las ocho maneras.

c) Explicar palabras.

Objetivo: Práctica oral para describir objetos.
Procedimiento: Cada alumno piensa en un objeto de cualquier tipo (puede ser un objeto habitual de la clase, de casa o del trabajo). Entonces, lo describe a sus compañeros de cualquiera de las maneras presentadas anteriormente. Estos intentan adivinarlo. Si no saben el nombre, lo pueden decir en su lengua o bien confirmarlo con otra descripción o buscándolo en el diccionario.

2 Costumbres.

a) Algunas personas... 2; 2

Objetivo: Comprensión auditiva selectiva.
Procedimiento: Para realizar esta tarea divida la clase en dos grupos. Primero escriba las cinco palabras en la pizarra y explique que un grupo se las va a explicar al otro. Para ello, un grupo sale de la clase y el otro se queda para escuchar una audición y tomar notas para el que está fuera.
Pídales que tomen nota del país del que se habla, que identifiquen las palabras y que las describan.
Ponga dos veces la audición en la que se habla de las cosas del cuadro.
Al final, el grupo pone en común la información.
Solución: La once: De Chile, es una taza de té, con unos pancitos con mantequilla o mermelada o queso y un "kuchen", una tarta. Se toma a las 5. La botana: De Guatemala, un aperitivo con cacahuetes, papas fritas y algo de beber antes de la comida y de la cena. La merienda: De México, es en familia. Es chocolate o unos tamales, que son pasteles de maíz, o algo así, o pan dulce, una cosa así, más sencilla. La merienda se hace más o menos a las siete y pico, o a las ocho. Las salteñas: De Bolivia, son como las empanadas de otros países. Tienen carne o pollo dentro, y verduras. Se comen entre las diez y las doce del día. Los ingredientes: De Argentina, son

como pequeños trocitos de queso, embutido, cacahuetes, (maníes les llaman ellos) etcétera, que se toman como aperitivo acompañando a un martini seco, un campari o cosas así.

b) La explicación.
Objetivo: Hablar de costumbres y describir palabras. Trabajo cooperativo.
Procedimiento: Vuelve a entrar el grupo que estaba fuera y el que ha escuchado la audición explica el significado de las palabras. Anime a que cada alumno explique una palabra y a que los alumnos que estaban fuera hagan preguntas.
Ponga de nuevo la audición para comprobar entre todos los resultados.

c) ¿Qué tal la tarea?
Objetivo: Reflexión y evaluación de la tarea realizada.
Procedimiento: Haga esta actividad de reflexión para sensibilizar a los alumnos acerca de la importancia del trabajo cooperativo, de las estrategias de comunicación y de comprensión y de las dificultades en el proceso.
Abra el debate haciendo las preguntas una por una de manera distendida. Los resultados y las opiniones de los alumnos le pueden ser de gran valor para realizar futuras actividades y tomar el pulso del rendimiento de los alumnos y de las dificultades que pueden encontrar para desenvolverse con determinadas destrezas.

3 Un paseo por las Islas Canarias.

Objetivo: Revisar los contenidos comunicativos de las tres unidades anteriores. Comprensión escrita de un texto sobre las Islas Canarias.
Para empezar: Pregunte a los alumnos si han estado alguna vez en las Islas Canarias o qué saben sobre ese archipiélago y dónde está. Escriba en la pizarra con palabras clave lo que se diga en el pleno. Utilice el mapa de la contraportada para situar las islas y para que los alumnos conozcan su geografía.
Procedimiento: Explique a los alumnos las reglas del juego que aparecen en la página 238 del libro. Los alumnos juegan en grupos de tres o cuatro.
No es necesario que lean los textos antes de empezar a jugar. Pueden resolver las dudas a medida que avanzan preguntándose unos a otros o pidiéndole a usted ayuda.
Vaya anotando las palabras desconocidas en la pizarra junto con una definición o una traducción.
Así servirán para posteriores explicaciones a otros grupos.
Y además: Pida a los alumnos que le comenten a usted qué tal ha ido el "viaje" y qué han aprendido sobre las Islas Canarias. Puede pedirles también que escriban como tarea para casa un diario de viaje con lo realizado durante "las vacaciones" en las Islas Canarias.

4 Actuar y comunicar.

Objetivo: Evaluar los conocimientos adquiridos en las unidades 5, 6 y 7.
Procedimiento: Presente los temas que se han trabajado en las anteriores unidades y explique que al final de las mismas los alumnos deberían ser capaces de realizar todo eso. Haga que en parejas comprueben sus conocimientos revisando cada punto y dando ejemplos de cada uno. Aquí cada alumno ayuda a su compañero a la hora de confirmar si recuerda bien o no cada cosa.
Si es así, pueden marcar cada tema. En el caso de que no se acuerden, anímeles a consultar el libro para refrescarles la memoria.
Compruebe que lo hacen bien moviéndose por la clase y escuchando a cada pareja. Si ve que las dudas son generalizadas, dé usted una explicación o remítales al libro para una revisión. Si es necesario, haga una práctica repetida o una actividad extra de las dudas no resueltas.
Otra alternativa es preparar las tareas como deber de casa. Recuérdeles que el propósito de esta autoevaluación es permitirles comprobar sus progresos.

Nuevos horizontes

Página introductoria

a) ¿Qué experiencias han tenido...?
Objetivo: Introducir el tema de la unidad: experiencias personales que abren nuevos horizontes. Relacionar fotos y textos
Para empezar: Presente las fotos y pregunte por la relación que pueden tener con el título de la unidad. Deje que los alumnos hagan suposiciones. No debe ser difícil pues es una palabra similar en muchas lenguas. Pregunte en el pleno si las suposiciones coinciden o no.
Procedimiento: Lea los textos en los que se habla de las experiencias de las personas de las fotos y deje que los alumnos los relacionen con las fotografías. Haga la puesta en común preguntando a varios alumnos por los nuevos horizontes de esas personas.
Solución: 1. El Camino de Santiago (peregrino). 2. Volver a trabajar (mujer con ordenador). 3. Conocer otras realidades y vivir una experiencia muy humana (chica en una oficina). 4. El deporte le permite ponerse a prueba (chico con mochila).

Información:
Médicos sin fronteras: Organización no gubernamental especializada en asistencia médica de urgencias a poblaciones en peligro. Fue creada por médicos franceses en 1971. Se ha transformado en un movimiento humanitario internacional con oficinas en 18 países; actividades en otros 80 y más de 2500 voluntarios trabajando en todo el mundo.

b) ¿Le gustaría hacer...?
Objetivo: Práctica oral personalizada.
Procedimiento: Pida a los alumnos que piensen en qué historia les gusta más y por qué y qué actividad de las cuatro les gustaría hacer.

c) ¿Conoce a una persona...?
Objetivo: Práctica oral personalizada.
Procedimiento: Pregunte a los alumnos si conocen a una persona que haya cambiado su vida como las cuatro personas de los ejemplos, que hayan tenido experiencias similares y tengan ante sí nuevos horizontes. Pídales que presenten a esas personas que conocen.

A. Se hace camino al andar

Objetivos:
- Hablar de experiencias vitales: el Camino de Santiago
- Expresar suposiciones

Recursos:
calabaza / concha / peregrino ■ *Todo está muy bonito. / Algunos llevan bastón. / Ninguna fiesta es tan famosa.* ■ *¿Hay algo interesante en el cine? No, no hay nada.* ■ *Seguramente no va sola. / Llevará bastón. / Quizás se queda en un albergue.*

Gramática:
- Los pronombres indefinidos
- El futuro para expresar probabilidad en el presente

1 El Camino de Santiago.

a) Todos los caminos van a Santiago.
Objetivo: Actividad de preparación para la lectura del texto. Comprensión lectora. Completar unas frases con palabras.
Procedimiento: Recuerde la historia de Joaquín y cómo el Camino de Santiago cambió su vida. Pregunte si alguien sabe en qué consiste el Camino de Santiago, si lo ha hecho o si conoce a alguien que lo haya hecho.

Aclare que más adelante van a leer un texto sobre el Camino de Santiago y sabrán más cosas, pero que antes se explicarán esas palabras relacionadas con él que les ayudarán a conocerlo mejor.
Pida a los alumnos que observen los dibujos y las palabras. A continuación, los alumnos leen las frases y las completan con las palabras que faltan.
Pregunte a un alumno distinto por las frases para comprobar los resultados.
Solución: 2. peregrino. 3. capa. 4. calabaza. 5. bastón. 6. sello. 7. concha.

b) El Camino de Santiago.
Objetivo: Comprensión lectora global y selectiva. Titular los párrafos de un texto.
Procedimiento: Lea el texto en voz alta al tiempo que los alumnos lo leen en silencio. Pídales que expliquen, tras leerlo y aclarar el léxico desconocido, por qué el Camino de Santiago es tan famoso y cuáles son los motivos de los peregrinos de hoy.
Haga una puesta en común en la clase.
A continuación, los alumnos vuelven a leer el texto para titular cada uno de los párrafos. Pregunte por los títulos párrafo por párrafo. Los alumnos escuchan los títulos de los compañeros y dicen el propio si es diferente.
Solución: El Camino de Santiago es famoso por su historia y su simbolismo religioso. Los peregrinos lo hacen por motivos religiosos, para seguir la tradición, por turismo o para abrir sus horizontes personales y vivir nuevas experiencias.

c) Prepare tres preguntas sobre el texto...
Objetivo: Formular y responder preguntas sobre el texto.
Procedimiento: En parejas, cada alumno escribe tres preguntas sobre el texto. Usted puede comprobar la corrección de las mismas recorriendo la clase. Luego, se las hacen unos a otros y ellos mismos deciden si las respuestas son correctas o no.

2 Los pronombres indefinidos.

a) Subraye en el texto...
Objetivo: Identificar los pronombres indefinidos en un texto. Presentación de los pronombres indefinidos.
Procedimiento: Señale en el texto de la actividad 1 un pronombre indefinido, por ejemplo,"...*algunas* ciudades famosas". Indique que la palabra *algunas* se refiere a una parte de un conjunto sin especificar y que, como esa, pueden encontrar otras palabras que se refieren a una parte indefinida de un grupo o a algo indefinido.
Deles unos minutos para releer el texto y encontrar el resto de pronombres indefinidos. Pídales que comparen sus resultados con los de su vecino.
Sería mejor si hiciera una transparencia del texto para hacer la comprobación final sacando a los alumnos a la pizarra para que marquen los pronombres indefinidos. Si no, pregunte por un ejemplo a cada alumno.
Copie y comente a continuación el cuadro de los pronombres indefinidos con los ejemplos del libro y los facilitados por los alumnos.
Explique las formas invariables (*algo*, *nada*, *alguien* y *nadie*), que aparecen solas y las que se refieren a un sustantivo (*alguno*, *ninguno*, *todo*, *todos*), que sí aceptan masculino, femenino, singular y plural. Estas formas se refieren a un sustantivo aunque no esté presente.
Indique que *alguno* y *ninguno* pierden la *-o* final delante de un sustantivo masculino singular, y que *todo/-a/-os/-as* llevan artículo detrás.
Solución: Todos, ningún, algunas, algunos, todos, algunos, todos, algunos, todos, toda, nadie.

b) Mire la foto...
Objetivo: Comprensión lectora. Interpretar una fotografía. Práctica de los pronombres indefinidos.
Para empezar: Presente la foto y explique que se trata de un peregrino que hace el Camino en bicicleta. Pregunte por las palabras que pueden surgir para hablar de la foto (molinos, carretera, bicicleta, casas, pueblo, campos, etc.). Escríbalas en la pizarra. Así facilitará la ejecución de la actividad posterior.
Procedimiento: Lea las frases y pida a los alumnos que marquen las correctas de acuerdo con el análisis de la foto. En la comprobación en el pleno pregunte a cada alumno y pida que corrijan las frases incorrectas.
Solución: 2, 3, 5.

c) Un concurso en dos grupos.
Objetivo: Práctica interactiva de los pronombres indefinidos.
Procedimiento: Divida la clase en dos grupos. Si la clase es muy numerosa, haga diferentes grupos. Un grupo escribe frases similares a las de la actividad b). Para ello, pueden recurrir de nuevo a la foto o al texto del Camino de Santiago de la página 66. El otro grupo escucha las frases y decide si son correctas. Si no lo son, da la versión correcta.
Ponga usted como ejemplo el modelo del libro y deje que los alumnos lo corrijan.
Supervise el trabajo de los alumnos y compruebe que lo hacen con corrección.
Y además: Puede copiar en la pizarra las frases correctas nuevas que hayan presentado los grupos para que las compartan todos y observen más ejemplos de pronombres indefinidos.

3 Complete...

Objetivo: Práctica escrita de los pronombres indefinidos. Completar frases.
Procedimiento: Los alumnos completan las frases con los pronombres indefinidos que faltan.
Pregunte en el pleno a distintos alumnos.
Señale un ejemplo de las formas *nada*, *nadie* y *ningún/ninguno/-as/-os/-as*, recordando que, tal como apareció en *Caminos 1* Unidad 7, cuando aparecen detrás del verbo, es necesaria la negación *no*, en este caso delante del verbo.
Solución: 1. nada. 2. algún, ninguno. 3. algunas. 4. algo, nada. 5. Alguien. 6. nadie. 7. Alguien.

4 Hacer suposiciones.

a) Esta persona quiere...
Objetivo: Presentación de recursos para hacer suposiciones y expresar probabilidad en el presente.
Procedimiento: Presente la foto de la mujer y pídales que en parejas intenten imaginar los aspectos indicados en el libro. Anímeles a usar las expresiones de suposición del cuadro y muéstreles ejemplos de cada una.
Dedique especial atención al valor del futuro para expresar suposición en el presente pero deje claro que es una expresión más y que a menudo aparece combinada con otra (*me imagino/creo/supongo que estará en su casa*). Llame la atención sobre este uso tan frecuente del futuro en la lengua española e indique que en alemán también se produce este fenómeno, como en el ejemplo "Sie wird wohl einen Stock tragen".

b) Escuche ahora... 2; 3
Objetivo: Comprensión auditiva selectiva.
Procedimiento: Antes de poner la audición, explique que van a escuchar una entrevista en la que la peregrina de la foto habla sobre su experiencia en el Camino de Santiago. Pídales que escuchen la entrevista y que tomen nota de los aspectos de la actividad a). Ponga la audición dos veces. Finalmente, los alumnos comparan sus suposiciones de la actividad anterior con lo que han escuchado en la entrevista.
Pregunte en el pleno por las coincidencias que han encontrado.
Solución: Fue en tren, andando y en taxi. Se quedó en un hotel, en albergues y pensiones. Fue con ocho amigas. Llevaba una mochila de 10 kilos. Llevaba un bastón y un sombrero. Fue en julio. Tuvo problemas en los pies y con la mochila.

c) ¿Le gustaría recorrer el Camino...?
Objetivo: Práctica oral personalizada. Repaso del uso del condicional.
Procedimiento: Pregunte a los alumnos si a ellos les gustaría hacer el Camino como la peregrina de la audición. Cada alumno piensa en ello y muestra su opinión y sus razones.
Indíqueles el modelo y recuérdeles que usen el condicional para hablar de situaciones hipotéticas.

5 ¿Qué estará pasando? 2; 4

Objetivo: Hacer suposiciones a partir de unos sonidos.
Procedimiento: Explique la situación de la audición: las amigas de la anterior actividad están en un albergue y se producen muchos ruidos.
Pida a los alumnos que se imaginen que se encuentran en el albergue y ellos también escuchan esos ruidos e intentan identificarlos. Aclare que, como se trata de suposiciones, todas pueden ser válidas.
Para ello, los alumnos tienen que utilizar los recursos que han visto en el ejercicio 4 a). Ponga el primer ejemplo de la audición y dé la solución (*Estará lloviendo*).
Ponga la audición pausando los ruidos. Al final, póngala una segunda vez para que los alumnos confirmen sus suposiciones.
Pregunte en el pleno por las suposiciones de los alumnos.
Solución: Propuesta: 1. Probablemente está lloviendo. 2. Seguramente estarán viendo la televisión. 3. Alguien estará saliendo o entrando en la habitación. 4. Quizá hay alguien en el piso de arriba. 5. Alguien estará buscando algo. 6. Alguien estará lavando los platos.
Y además: Para hacer una práctica oral personalizada, pida que los alumnos piensen en alguien conocido, un familiar o un amigo y que se pregunten qué estará haciendo a esa hora. Cada uno puede hablar ante el pleno de algunas personas y decir qué estarán haciendo.

6 Un juego: La leyenda de Santiago.

Objetivo: Escuchar una historia y formular preguntas sobre la misma. Poner en práctica estrategias de interacción para pedir aclaraciones.
Procedimiento: Explique las instrucciones del juego tal y como vienen descritas en el libro. Usted lee la leyenda de Santiago, que se encuentra en la página 238, y tratará de contarla completa en cinco minutos.
Lea la historia antes y ensaye para intentar contársela a los alumnos, incluso de memoria, con cierta rapidez. Los alumnos intentarán que no la termine haciéndole preguntas sobre la leyenda o sobre las palabras que no entiendan. Pida a los alumnos que presten mucha atención a lo que usted diga para que

le puedan preguntar sobre la historia. Muestre el modelo del libro para que vean cómo lo pueden hacer. Puede añadir modelos de interrogativas totales como *¿Herodes era un rey de Judea…?*
De esta forma están poniendo en práctica de forma lúdica, estrategias de cooperación para sacar adelante una conversación, en este caso pedir aclaración o pedir confirmación. Responda a todas las preguntas que le hagan los alumnos, pero no responda a las que le hagan repetidas. Si consigue terminar la leyenda, gana usted, si no, gana el grupo.
Y además: Si los alumnos no han escuchado la leyenda completa porque han conseguido impedírselo, pueden terminarla ellos desde el punto en que se vio interrumpida, imaginando el final.
Si la escucharon completa, en ese caso deben escribirla de nuevo como tarea para casa, añadiendo toda la información que obtuvieron del profesor.
Al final, puede mostrarles la leyenda verdadera para que la comparen con su versión.

B. Chile mira hacia adelante

Objetivos:
- Hablar de la historia de Chile y de otros países
- Relacionar sucesos del pasado
- Hablar sobre el sistema político de un país

Recursos:
Antes del Golpe de Estado, vivimos en Santiago de Chile. / Después de llegar a la RDA, empecé a trabajar en una fábrica. / Tres años más tarde… / A principios / finales de… / Al año siguiente ■ *Esther no había aprendido alemán antes de llegar a Dresde. / Se fueron de la RDA porque allí les habían ofrecido asilo.* ■ *las elecciones / el gobierno / el partido / la democracia*

Gramática:
- El pluscuamperfecto
- Marcadores temporales

1 Entrevista en parejas.

Objetivo: Interacción oral para pedir información sobre experiencias personales.
Para empezar: Cuente un poco sobre su historia personal con los verbos *mudarse, adaptarse, conocer gente, resultar difícil*. De esta forma, aclara los verbos de las preguntas que se tendrán que hacer los alumnos para saber un poco más de sus vidas.
Procedimiento: Lea las preguntas y aclare el significado de las palabras que no se comprendan.
En parejas, los alumnos se hacen las preguntas y toman notas de lo que les cuente el compañero.
Al final, cada alumno relata en el pleno las experiencias de sus compañeros.

2 El pluscuamperfecto.

a) Una chilena en el exilio: Esther de Graaf.
Objetivo: Comprensión lectora global. Deducir el significado de algunas palabras del texto. Preparar la audición posterior.
Para empezar: Explique el significado de la palabra *exilio*. Pregunte si conocen más casos de personas en el exilio o si conocen algún exiliado.
Pregunte por Chile y si conocen el pasado de ese país, en especial durante la dictadura de Augusto Pinochet. No adelante ninguna información sobre Chile y su historia, sólo deje que los alumnos expongan sus conocimientos.
Procedimiento: Lea en voz alta las frases sobre la vida de Esther de Graaf, una exiliada chilena en Europa.
Pida a los alumnos que lean de nuevo las frases y busquen en ellas la traducción de las palabras alemanas propuestas. Pregunte por la traducción de las palabras en alemán en el pleno. Aclare el resto de las expresiones que no entiendan los alumnos.
Solución: Partei: partido; Regierung: gobierno; freie Wahlen: elecciones libres; Staatsstreich: Golpe de Estado; Gewerkschaft: sindicato; Wiedervereinigung: Reunificación.
Y además: Divida la clase en dos, un grupo traduce al alemán más palabras que ellos consideren difíciles y se las presenta al otro grupo, que tiene que encontrar su traducción al español.

Información:
Salvador Allende: Fue elegido presidente chileno en las elecciones de 1970, liderando la Unidad Popular, una coalición de izquierdas y de la democracia cristiana. Fue derrocado por un golpe militar, encabezado por el general Augusto Pinochet Ugarte, el 11 de septiembre de 1973. Se cree que Allende se suicidó durante el asalto al palacio presidencial de la Moneda.

b) Una entrevista con Esther de Graaf. 2; 5
Objetivo: Comprensión auditiva detallada. Corregir frases. Presentación del pluscuamperfecto.
Procedimiento: Explique a los alumnos que van a escuchar una entrevista con Esther de Graaf en la que habla de su vida. Los alumnos tienen que escu-

char la entrevista y decidir qué frases de la actividad anterior son falsas.
Ponga la audición dos veces para que tengan oportunidad de confirmar su elección.
Los alumnos comparan sus resultados con el compañero y, luego corrigen individualmente las frases que no sean correctas.
Haga una puesta en común en el pleno y pida que den la versión correcta de las frases.
Solución: Frases correctas: 1, 2, 3, 5, 7. Frases incorrectas: 4. Su madre daba cursos a mujeres trabajadoras en los centros de madres. 6. En Chile había sido secretaria bilingüe y hablaba bien el inglés y el francés. 8. Cuando las fronteras se abrieron, aprovechó para conocer España, algo que había querido hacer siempre. 10. Esther se fue a Amsterdam a vivir.

c) En las frases anteriores...
Objetivo: Identificación de las formas del pluscuamperfecto. Sistematización del paradigma del pluscuamperfecto.
Para empezar: Pregunte a los alumnos qué formas se emplean en las frases que han leído para referirse a las acciones pasadas. Posiblemente señalarán tanto las formas de indefinido como las de pluscuamperfecto, en cuyo caso diga cómo se llama esta última forma.
Procedimiento: Los alumnos marcan las formas de pluscuamperfecto de las frases anteriores y completan el paradigma de este tiempo.
Copie usted el cuadro y complételo preguntando en el pleno. Pregunte si reconocen la primera forma verbal del pluscuamperfecto (pretérito imperfecto de *haber*) y cómo se llama la segunda (participio pasado).
Para ejemplificarlo, pregunte con quién se casó Esther y cuándo conoció a su marido. Muestre cómo la acción de conocer al marido, lógicamente, es anterior a la de casarse. De esta forma, queda claro el valor del pluscuamperfecto: acción pasada anterior a otra también pasada.
Solución: Usted, él, ella: había; ustedes, ellos, ellas: habían.

3 Práctica con el pluscuamperfecto.

a) Complete...
Objetivo: Práctica escrita guiada de las formas del pluscuamperfecto. Completar frases.
Procedimiento: Pida a los alumnos que lean las frases sobre la vida de Esther de Graaf y que las completen con las formas del pluscuamperfecto. Las comparan con un compañero y se ponen en común en el pleno.
Solución: 1. había vivido. 2. había sido / había trabajado. 3. había ofrecido. 4. había aprendido. 5. había conocido.

b) Una cadena...
Objetivo: Práctica personalizada guiada del uso del pluscuamperfecto.
Procedimiento: Presente los elementos del cuadro y ponga el ejemplo del libro.
En cadena, los alumnos forman diferentes frases lógicas referidas a su vida relacionando los elementos.

4 La vida de Esther de Graaf.

a) El currículum de Esther de Graaf.
Objetivo: Comprensión lectora detallada. Comprensión auditiva selectiva.
Procedimiento: Presente el currículum de Esther de Graaf. Léalo con los alumnos y aclare los términos que presenten dificultad.
Ponga de nuevo la audición de la actividad 2 b). Los alumnos deben marcar en el currículum los datos que no se mencionan en la entrevista.
Solución: Nació el 10 de octubre de 1952. Tiene dos hijos. Fue a la escuela primaria "Gabriela Mistral". Estudió en la escuela secundaria y paralelamente Secretariado bilingüe (inglés, francés) en el Instituto Comercial Nº 4. Desde 2002 es coordinadora de cursos en la escuela "Don Quijote" de Amsterdam.

b) Mire las frases sobre la vida de Esther...
Objetivo: Comprensión lectora. Actividad de preparación para el ejercicio siguiente.
Procedimiento: Pida a los alumnos que piensen en la vida de Esther y pregúnteles si recuerdan qué pasó en los años 1973 y 1989. Si no lo recuerdan, pida a los alumnos que vuelvan a leer las frases sobre la vida de Esther en la actividad 2 a) de la página 69.
Pregunte en el pleno para comprobar los resultados.
Solución: 1973: Golpe de Estado en Chile. 1989: La Reunificación alemana.

c) Ahora relacione...
Objetivo: Práctica escrita guiada del uso del pluscuamperfecto.
Procedimiento: Los alumnos escriben frases con el pluscuamperfecto relacionando las fechas anteriores con la vida de Esther, como en el modelo.
Puede pedir a algunos alumnos que escriban las frases en la pizarra y se corrijan entre todos.
Solución: Propuesta: Antes del Golpe de Estado, Esther había trabajado como secretaria. Antes de la Reunificación, Esther había trabado como traductora en la oficina de traducción "Intertext".

5 ¿Y usted?

Objetivo: Práctica escrita personalizada del uso del pluscuamperfecto.
Para empezar: Pregunte a los alumnos por los cinco acontecimientos más importantes en la vida de una persona. Ponga un ejemplo (*nacimiento*) y anote en la pizarra los que le digan. Los alumnos explican a sus compañeros el significado de los que no se comprendan.
Procedimiento: Pida ahora a los alumnos que elijan cinco acontecimientos importantes de su vida. Como ayuda, pueden aprovechar los presentados anteriormente o los propuestos en el libro, pero no tienen por qué ser los mismos.
Se trata de que escriban frases poniendo en relación esos acontecimientos con las dos fechas de la actividad 4b). Ponga un ejemplo suyo, como el del modelo.
Cada alumno escribe sus cinco frases. Puede formar pequeños grupos para que intercambien las frases. Usted toma nota de las posibles dificultades y las comenta al final en el pleno.

6 Chile.

a) La historia de Chile.
Objetivo: Comprensión lectora selectiva. Deducir expresiones temporales.
Procedimiento: Deje que los alumnos lean el texto en silencio. Luego, cada alumno lee en voz alta una parte.
Pídales que busquen en el texto la información referida a los eventos mencionados. Se trata de que los deduzcan con la ayuda de las referencias temporales.
Los alumnos comparan los resultados en parejas y usted pregunta en el pleno para corregir.
Solución: 1848: Independencia de España. 1970: Elección de Allende. 1973: Golpe militar. 1990: Fin de la dictadura. 1989: Elecciones libres. 1998: Detención de Pinochet en Londres. 2000: Vuelta de Pinochet a Chile. 2003: Conmemoración de los 30 años del golpe.

Información:
Augusto Pinochet: General chileno que en 1973 dio un golpe de estado contra el gobierno del presidente Allende. En diciembre de 1974 fue nombrado presidente. Durante la transición a la democracia, Pinochet negoció con los políticos para garantizar que dejaría el mando sin temor de represalias y consiguió inmunidad gracias a su escaño en el Senado. El general viajó a Londres con pasaporte diplomático y el 16 de octubre de 1998 fue detenido por orden del juez español Baltasar Garzón, que pretendía juzgarlo por los crímenes de la represión durante el régimen militar que encabezó. El Gobierno británico denegó la solicitud para su extradición a España, por considerar que su estado de salud no le permitía ser sometido a juicio.

b) Vocabulario político.
Objetivo: Comprensión lectora detallada. Introducción de vocabulario referido a la política.
Para empezar: Escriba la palabra *política* en la pizarra, tal y como aparece en el libro, y diga que en el texto aparecen muchas palabras referidas a la política. Ponga el ejemplo de *partido* y *socialista*. Escríbalo con ramificaciones, para formar más grupos semánticos.
Procedimiento: Pregunte por otras palabras "políticas" que aparecen en el texto. Pídales que vuelvan a leerlo y que anoten las que encuentren y otras que conozcan. Deles para ellos sólo tres minutos.
Cuando el tiempo termine, copie en el esquema que usted empezó las palabras que le digan los alumnos.
Solución: Golpe militar; poder; independencia; tradición democrática; elegir; socialista; ministro de defensa; tomar el poder; establecer una dictadura militar; parlamento; partidos políticos; exilio; votación; gobierno; votar en contra; gobierno de transición; elecciones libres; partido demócrata cristiano; presidente; derechos humanos; período de gobierno; gobierno de coalición.

c) Expresiones temporales.
Objetivo: Sistematización de expresiones temporales. Expresión escrita personalizada guiada.
Procedimiento: Escriba las expresiones del cuadro en la pizarra y señale los ejemplos que aparecen de las mismas en el texto de la actividad a). Pida a los alumnos que traduzcan las expresiones.
A continuación, pregunte por las traducciones y discuta con los alumnos su corrección. Anótelas en la pizarra junto a la expresión española.
Ponga usted un ejemplo de una de las expresiones partiendo de la historia de su país. Los alumnos tienen que hacer lo mismo con cada expresión para referirse a la historia del suyo.
Solución: hace… años: vor… Jahren; … años antes: … Jahre früher; …. años antes del Golpe: … Jahre vor; en 19…: 19…; a principios del año…: am Anfang des Jahres…; a finales del año…: am Ende des Jahres…; al año siguiente: im nächsten Jahr; … años más tarde / después: … Jahre später / danach; después de … años: nach… Jahren.

Al final

Una entrevista.
Objetivo: Práctica final. Revisión de los contenidos de la unidad. Realizar una entrevista personal.

Para empezar: Pregunte a los alumnos a quién les gustaría entrevistar y si hay una persona que realmente admiran y con quien les gustaría charlar. Deje que cada uno responda y diga por qué. Haga una lista con las propuestas. Intente que elijan de toda la lista a uno sólo. Si no se ponen de acuerdo, sométalo a votación.
Procedimiento: Una vez ya tienen al personaje al que les gustaría entrevistar, pida a los alumnos que piensen en qué preguntas podrían hacerle y qué les gustaría saber sobre su vida.
Los alumnos se tienen que poner de acuerdo en las preguntas. Para ello, usted puede poner un límite de preguntas si lo desea.
Ayude a los alumnos durante el proceso de redacción de las preguntas y solucione los problemas que se presenten.
Y además: Para que la actividad tenga una mayor dosis de realismo y significado, puede ofrecerse como personaje para ser entrevistado.
Una vez los alumnos tienen las preguntas organizadas, le someten a usted a la entrevista.

Rincón profesional

1 Trabajar en España.

a) Experiencia en el extranjero.
Objetivo: Práctica oral personalizada. Preguntar por experiencias personales de trabajo o estudios en el extranjero y hablar de ellas.
Procedimiento: Presente las actividades propuestas y aclare las que no se comprendan.
Los alumnos expresan personalmente en el pleno sus experiencias. Anime a que los alumnos se pregunten los unos a los otros por los detalles de sus experiencias. Hágalo usted si a ellos no se les ocurre nada para dar ejemplo.

b) ¿Trabajar en España?
Objetivo: Hacer suposiciones. Introducción de términos relacionados con la inmigración.
Para empezar: Escriba en la pizarra los seis aspectos propuestos y explique que son requisitos para trasladarse a algunos países extranjeros. Pregunte por los verbos que deben acompañar a esos procesos (*pedir* o *solicitar*, *reconocer*, *alquilar*, *pedir* o *solicitar*, *existir* o *haber*).
Procedimiento: Exponga la situación del estudiante alemán y pregunte a los alumnos si creen que él tendrá problemas con los aspectos propuestos.
Para que los alumnos tengan más oportunidad de intervenir, divida la clase en pequeños grupos.
Controle la producción y verifique que los alumnos emplean de manera correcta las expresiones de suposición como en el modelo.
Y además: Si alguien ha estado en el extranjero, puede contar por qué trámites tuvo que pasar y qué papeles necesitó.

c) Un texto legal.
Objetivo: Comprensión lectora detallada. Comprobar las suposiciones. Traducir expresiones.
Procedimiento: Lea los dos textos referentes a los derechos y requisitos de los europeos para trabajar y residir en un país de la Unión Europea.
A continuación, deje que los alumnos comprueben individualmente las suposiciones que hicieron en la actividad anterior.
Finalmente, pídales que localicen en el texto la traducción de las expresiones en alemán.
Haga una puesta en común en el pleno para comprobar los resultados.
Solución: Bürger: ciudadano; Mitgliedsstaaten: países miembros; Bedingungen: condiciones; das Recht haben auf: tener derecho a; sich niederlassen: establecerse; Zeitraum: período; beantragen: solicitar; berufliche Tätigkeit: actividad laboral; gültig: válida.

2 En la oficina de extranjeros. 2;6

Objetivo: Comprensión auditiva selectiva. Solicitar el permiso de residencia.
Para empezar: Ponga la audición una primera vez sin decirles de qué se trata y pregunte en el pleno qué situación es y quiénes intervienen.
Procedimiento: Explique que en la conversación Tim Berg, el estudiante alemán de la actividad anterior, se encuentra en la oficina de extranjeros para solicitar el permiso de residencia.
Asegúrese de que comprenden los términos referentes a los documentos que Tim necesita. Ponga la audición una vez más. Los alumnos sólo tienen que numerar los datos en el orden en el que se mencionan en la audición. Pregunte en el pleno para resolver la actividad.
Solución: 1. solicitud de permiso de residencia. 2. tres fotografías tamaño carnet. 3. copia del pasaporte o D.N.I. 4. comprobante de estancia en España. 5. certificado médico. 6. certificado de antecedentes penales.
Y además: Una vez concluidas las actividades, puede ser interesante que los alumnos cuenten por lo que tuvieron que pasar ellos para realizar las actividades que detallaron en el ejercicio 1 a). Puede plantearlo como tarea para casa en forma de redacción o como presentación en el aula.

Unidad 10

¡Que lo pases bien!

Página introductoria

a) ¿Cuándo se celebran estas fiestas?
Objetivo: Introducir el tema de la unidad: las fiestas populares en España y Latinoamérica.
Para empezar: Haga una lluvia de idea con los alumnos alrededor de la palabra *fiestas*. Dé usted un ejemplo para guiar a los alumnos, por ejemplo, *carnaval*.
Procedimiento: Proponga a los alumnos que piensen cuándo se celebran las fiestas que aparecen en el libro y que las ordenen cronológicamente. El orden dependerá de cada alumno (por ejemplo, *cumpleaños*) y cada contexto (*fiesta nacional* y *día de la madre*). Como existirá una respuesta distinta por alumno, puede pedirles que muestren el orden que tienen a un compañero sin que sea necesaria una puesta en común.
Pregunte a un alumno distinto por la descripción de las fiestas, más exactamente, cuándo se celebran, qué se celebra y qué carácter tienen (religioso, político, familiar, festivo, etc.).
Y además: Haga un juego para adivinar las fiestas. Cada alumno (si tiene nueve en el aula) o cada pareja (si son más de nueve) piensa en una de las fiestas de la actividad y la describe dando diez pistas, de mayor a menor dificultad. Los compañeros intentan adivinar la fiesta con el menor número de pistas posibles.

b) Mire las fotos.
Objetivo: Reconocer fiestas por imágenes representativas. Comprensión lectora y expresión oral. Hablar de fiestas.
Procedimiento: Presente las fotos de la página introductoria y los textos descriptivos que las acompañan. Pregunte a los alumnos si reconocen alguna de esas fiestas. Si alguno sabe algo más de ellas, puede explicárselo a sus compañeros dando todos los detalles que pueda.
Comente con los alumnos la similitud de las fiestas de las fotos con otras que se celebren en el país en el que se encuentren o del que procedan los alumnos.

c) Escuche un reportaje de la radio. 2;7
Objetivo: Comprensión auditiva global.
Procedimiento: Diga a los alumnos que van a escuchar un breve reportaje radiofónico en el que se habla de una de las fiestas de las fotos. Antes de escuchar la audición, pídales que observen con atención las fotos para que les resulte más fácil la actividad. Ponga la audición un par de veces para que tengan la oportunidad de identificar la fiesta.
Pregunte en el pleno por la solución y por las palabras que les han ayudado a identificarla.
Solución: La Romería del Rocío.

Información:
La Romería del Rocío: Es un acontecimiento religioso que atrae a millones de personas de toda España a Almonte, un pequeño pueblo de la provincia de Huelva. Se trata de una peregrinación que la gente hace en carretas, a pie o a caballo para venerar a la Virgen del Rocío.
Carnaval de Oruro: : El Carnaval de Oruro se celebra en la zona andina de Bolivia. Este carnaval tiene origen en las antiguas civilizaciones prehistóricas de los Andes. Durante su celebración, miles de bailarines peregrinan bailando en honor a la Virgen del Socavón, Patrona de los Mineros.

A. Con nuestros mejores deseos

Objetivos:
- Felicitar
- Expresar (buenos) deseos
- Describir costumbres navideñas

Recursos:
Carnaval / Día de la Madre / Navidad / cumpleaños ■ *¡Enhorabuena! / ¡Que te diviertas! / ¡Buen viaje! / ¡Que te mejores! / ¡Feliz cumpleaños! / ¡Feliz Navidad y próspero Año Nuevo! / Con nuestros mejores deseos.* ■ *Ojalá haga buen tiempo mañana. / Os deseo que lo disfrutéis. / Espero que lo paséis bien.*

Gramática:
- El presente de subjuntivo de verbos regulares y de *ir*, *tener* y *ser*.
- El uso del subjuntivo en la expresión de deseos.

1 Felicitaciones.

a) ¿A qué situaciones...? 2;8–14
Objetivo: Comprensión auditiva global. Identificar situaciones. Preparación para la actividad posterior.
Procedimiento: Lea las situaciones y aclare el significado de las palabras que presenten dudas.
Ponga la audición una primera vez pausando los fragmentos y pida a los alumnos que escriban junto a la situación el número del diálogo correspondiente.
Póngala de nuevo a continuación (esta vez continua) para hacer una comprobación final.
Haga la puesta en común preguntando en el pleno.
Solución: 1. fin de año. 2. cumpleaños. 3. viaje. 4. cambio de trabajo. 5. despedida. 6. enfermedad. 7. examen.

b) Lea ahora los diálogos...
Objetivo: Comprensión lectora global. Presentar expresiones para felicitar y sistematizarlas.
Procedimiento: Los alumnos leen los diálogos y luego los interpretan en parejas, repartiéndose los papeles. Compruebe que la entonación es la adecuada y realice usted una demostración si es necesario.
A continuación, los alumnos completan el cuadro con las expresiones que faltan.
Copie usted el cuadro en la pizarra y complételo con la ayuda de los alumnos.
Limítese a presentar las expresiones como fórmulas sin entrar en cuestiones gramaticales o verbales.
Deje clara la distinción entre los buenos deseos y las felicitaciones e introduzca al final las expresiones de la lengua escrita que tienen la misma función de felicitar en diferentes contextos (felicitaciones de Navidad, felicitación formal o despedida en una carta de felicitación).
Explique que la expresión *enhorabuena* se usa en español para felicitar por algo que ha costado esfuerzo y tiempo (como un examen) y cuando algo bueno le pasa a alguien (por tener un niño).
Solución: ¡Enhorabuena! ¡Buena suerte!

c) Buenos deseos.
Objetivo: Práctica oral guiada de las expresiones de deseo y de las felicitaciones.
Procedimiento: Presente las situaciones que aparecen en el libro y pida a los alumnos que propongan alguna más si se les ocurre.
En una cadena, un alumno elige una situación y la formula en una frase (insista en la necesidad de transformar la frase, por ejemplo, "Me ha tocado la lotería"). El vecino reacciona con una expresión de deseo o de felicitación. A su vez formula otra situación y el compañero reacciona. Así sucesivamente hasta completar todas las situaciones.
Anime a que se corrijan entre ellos en caso de que se reaccione equivocadamente.

d) El presente de subjuntivo.
Objetivo: Sistematización de las formas del presente de subjuntivo regular e irregular (*ir*, *tener*, *ser*). Usos del presente de subjuntivo.
Procedimiento: Copie en la pizarra el cuadro tal y como aparece en el libro y marque con colores diferentes las terminaciones.
Los alumnos completan el cuadro con las formas que faltan, que pueden deducir por analogía.
Recuerde a los alumnos que las formas ya las conocen en parte porque son las mismas que las del imperativo negativo. Al igual que el imperativo, se produce un cambio de vocal, es decir, en los verbos en *-ar* la vocal *-a* cambia a *-e* y la vocal *-e* en los verbos en *-er* / *-ir* se convierte en *-a*.
Llame la atención sobre el cambio en *llegar / llegue*, *explicar / explique* u *organizar / organice* por necesidades fonéticas.
Ponga ejemplos con las expresiones que aparecen a la izquierda del cuadro: *que..., desear que..., esperar que..., querer que..., ojalá..., para que...* Puede usar algunas de las que aparecieron en los diálogos de la actividad 1 b) de la página 74.
Plantee el uso del subjuntivo como una necesidad con ciertas expresiones, como en este caso, de deseo o de finalidad sin entrar en otras explicaciones.
Solución: Pases; comáis; vaya; tenga; sea; seáis.
Y además: Proponga una práctica extra de las formas del presente de subjuntivo. Reparta seis papeles y escriba el pronombre en la parte superior

(*yo, tú*, etc.). Se forma una cadena en la que cada alumno escribe una forma de un verbo en presente de subjuntivo correspondiente a la forma personal del papel. La pasa al compañero y este hace igual. Cada alumno tiene que leer las formas que se van escribiendo para no repetirlas. Además, no pueden repetir tampoco el mismo verbo dos veces.

2 Una tarjeta de felicitación.

Objetivo: Completar un texto con las formas verbales correctas. Práctica escrita del subjuntivo.
Procedimiento: Presente la tarjeta y pregunte por el motivo de la misma. El dibujo de la cigüeña da la pista. Ayude a los alumnos a expresarlo.
Los alumnos completan el texto con las formas verbales en indicativo o subjuntivo teniendo en cuenta lo explicado en la actividad anterior.
Pida a los alumnos que hagan una puesta en común en parejas y que piensen en quién es la persona que escribe la tarjeta (la tía del niño).
Pregunte a diferentes alumnos por la solución.
Solución: vaya; deseo; seáis; disfrutéis; esté; coma; deje; quiero; podemos.

3 Postales de felicitación.

a) Elija una situación...
Objetivo: Práctica escrita personalizada de los recursos para felicitar y expresar deseos.
Procedimiento: Piense en una buena ocasión para que los alumnos se feliciten (las próximas Navidades, el final del curso, unos exámenes, etc.). Si no la encuentra, deje que los alumnos piensen en una situación para felicitar al compañero de al lado.
Los dos modelos de felicitaciones que aparecen en el libro pueden ser utilizados como plantilla.
Los alumnos escriben la postal y usted les presta la ayuda que necesiten para la expresión escrita.
Finalmente, se entregan unos a otros las postales.

b) Mi postal.
Objetivo: Comprensión lectora global. Expresión oral para informar al grupo.
Procedimiento: Los alumnos leen sus postales e informan a sus compañeros de las razones de la felicitación y del deseo del compañero, como en el modelo.

c) ¿Suele usted enviar tarjetas de Navidad?
Objetivo: Práctica oral personalizada. Hablar de las felicitaciones de Navidad.
Procedimiento: Haga en el pleno las preguntas del libro y deje que los alumnos piensen un rato.
A continuación, abra el diálogo reflejando su propia experiencia con las felicitaciones de Navidad.

4 Villancicos de Navidad.

a) Una canción con buenos deseos. 2;15
Objetivo: Comprensión auditiva y escrita detallada. Canciones tradicionales de Navidad.
Procedimiento: Presente la canción "En Navidad" de Rosana y pida a los alumnos que la lean advirtiéndoles de que las segundas partes de cada estrofa están desordenadas. Ponga la canción una primera vez para que los alumnos relacionen las partes de las estrofas. Deje que los alumnos comparen los resultados con un compañero. Luego, ponga la audición una segunda vez para que los confirmen.
Puede tener la canción copiada en la pizarra y dejar que los alumnos salgan a la pizarra para relacionar las estrofas.
Cuando la canción esté completa, póngala para que los alumnos la puedan disfrutar e incluso cantar.

Información:
Rosana Arbelo: Nació en 1963 en Lanzarote (España). Con sus dos primeros discos, "Lunas Rotas" y "Luna Nueva", Rosana se consagró como una de las autoras más importantes del panorama musical español y latinoamericano. Su talento para componer e interpretar ha conseguido desde la aparición en 1996 de "Lunas Rotas" una inmediata conexión con el público y un gran éxito de ventas (más de 2,5 millones de discos vendidos).

b) Subraye los verbos en subjuntivo.
Objetivo: Comprensión escrita selectiva. Identificar las formas de subjuntivo y deducir los infinitivos.
Procedimiento: Los alumnos marcan en la canción los verbos en subjuntivo. Con la canción en la pizarra, pregunte a los alumnos y marque los verbos en subjuntivo.
Pregunte a distintos alumnos por los infinitivos de dichas formas verbales.
Aclare el vocabulario que desconozcan los alumnos.
Solución: sea: ser; se haga: hacerse; sonría: sonreír; se abra: abrirse; se cierre: cerrarse: se vista: vestirse; lluevan: llover; alfombres: alfombrar; cantes: cantar; llenes: llenar; te canses: cansarse; enseñe: enseñar; siga: seguir.
Y además: Según el grupo, puede pedir a los alumnos que en parejas escriban más estrofas similares con deseos que se formulan normalmente en Navidad y la estructura *para que*.

5 La Navidad.

a) Vocabulario navideño.
Objetivo: Comprensión de léxico de la Navidad. Conocer costumbres navideñas españolas.
Procedimiento: Pida a los alumnos que lean la definición de las palabras navideñas y que observen las

fotografías, que representan costumbres de la Navidad en España. Los alumnos tienen que relacionar las palabras con algunas de las fotografías.
No dé ninguna explicación hasta que los alumnos hayan relacionado las palabras con las fotos. Deje que utilicen su capacidad de comprensión y deducción.
Solución: uvas; Reyes Magos; "el gordo"; turrón; roscón de reyes.
Y además: Puede pedir a los alumnos que encuentren los equivalentes a esas costumbres típicas españolas en su cultura.
Haga una actividad de ampliación del vocabulario navideño preguntando a los alumnos por más cosas típicas de la Navidad en su país o región. Ayúdeles con la traducción al español y confirme si también son propias de la cultura hispana.

b) ¿Qué asocian con la Navidad? 2;16
Objetivo: Comprensión auditiva selectiva. Costumbres navideñas españolas.
Para empezar: Puede poner una primera vez la audición, sin que los alumnos vean el cuadro, para que ellos le digan qué vocabulario navideño se nombra.
Procedimiento: Explique que van a escuchar un diálogo con tres españoles en el que hablan de lo que les gusta o no les gusta de la Navidad en relación con las palabras que aparecen en el cuadro.
Ponga la audición un par de veces para que los alumnos marquen en el cuadro. Deje que los alumnos comparen los resultados con un compañero y haga una puesta en común en el pleno.
Solución: A Rosa María le gustan la Navidad y las reuniones familiares, pero no le gusta el turrón. A Esteban no le gusta la Navidad, pero sí le gusta el turrón. A Arantxa le gustan la Navidad, las reuniones, los villancicos y el belén.

6 ¿Cómo pasó usted la última Navidad?

Objetivo: Práctica oral personalizada. Hablar sobre celebraciones navideñas pasadas.
Procedimiento: Pida a los alumnos que piensen en cómo pasaron la última Navidad. Para ello, sugiérales que usen el vocabulario propuesto o el que ha aparecido en esta parte de la unidad.
Dé usted un modelo con su propia experiencia personal relatando cómo pasó su última Navidad. Intente utilizar el mayor número de palabras de las propuestas posibles.
Una vez todos han comentado su última Navidad, pregúnteles si son diferentes a cuando eran pequeños. Dé usted de nuevo un ejemplo personal.
Haga esta actividad con toda la clase, pero si el grupo es demasiado grande, divídalo para favorecer la intervención de todos.

B. Tradiciones muy diferentes

Objetivos:
- Contrastar información
- Describir tradiciones / fiestas: El Día de los Muertos en México
- Hábitos en el pasado

Recursos:
Pero / no..., sino... / en cambio.../ en vez de... ■ *En Carnaval la gente se disfraza. / Es tradición que haya fuegos artificiales. / Es costumbre llevar flores.* ■ *El 31 de octubre Frida cocinaba / cocinó para la fiesta.*

Gramática:
- El presente de subjuntivo irregular
- El subjuntivo con expresiones impersonales
- El contraste imperfecto / indefinido

1 Costumbres culturales.

a) Comparando tradiciones.
Objetivo: Comprensión lectora detallada. Sistematización de recursos para contrastar información.
Procedimiento: Explique el contexto de esta actividad tal y como aparece en el libro. Lea las frases y advierta de que hay algunas imprecisiones que ellos tienen que tratar de corregir en las frases del cuadro de más abajo.
Pregunte a tres alumnos para que lean las correcciones que han hecho.
Explique las diferentes posibilidades para contrastar información y para corregir información errónea.
Solución: enero; San Nicolás; zapatos.
Y además: En parejas, los alumnos escriben algunas frases falsas sobre costumbres de la Navidad. Se las intercambian y las corrigen oralmente empleando los recursos para contrastar información.

b) ¿Cuáles son las costumbres de su región?
Objetivo: Rellenar un cuestionario sobre costumbres regionales.
Procedimiento: Los alumnos leen y completan el cuestionario sobre costumbres de su región.
Al final, cada alumno puede presentar el resumen del cuestionario ante el pleno para describir las costumbres de su región.
Y además: Puede pedir a los alumnos que, en parejas, ofrezcan el resultado del cuestionario contrastando la información con la de su compañero. Es decir, uno dice cómo, por ejemplo, es el Carnaval en su región: *En Carnaval la gente se disfraza*, y el compañero contrasta esa información con la propia, si

es diferente: *En Carnaval la gente no se disfraza, sino que ve un desfile*.

2 Decoración festiva.

a) Una decoración muy especial.
Objetivo: Identificar objetos de una fotografía.
Procedimiento: Muestre la fotografía del libro o proyéctela en una transparencia en color. Pida a los alumnos que observen la imagen durante un minuto y que después cierren el libro (o apague usted el retroproyector).
Pregunte en el pleno por los objetos que recuerdan. Si no saben el nombre, pueden explicarlo con sus propias palabras o usando el diccionario.
Anote usted las palabras en la pizarra a medida que se las vayan diciendo.
Si no recuerdan más, haga que abran el libro para comprobarlo o identificar vocabulario nuevo facilitado por los alumnos o para rescatar algún objeto que no se haya dicho.

b) ¿De dónde cree que es esta decoración?
Objetivo: Práctica oral. Formular hipótesis. Preparación para la actividad posterior.
Procedimiento: Pregunte a los alumnos en el pleno por la decoración, de dónde es y su función. Quizás recuerden el nombre, pues ya ha aparecido en la página introductoria de esta misma unidad.
Aun así, no dé la solución, tan sólo diga que en la entrevista de la siguiente actividad lo averiguarán.

3 Tradición mexicana.

a) El Día de los Muertos en México. 2;17
Objetivo: Comprensión auditiva global. El Día de los Muertos en México. Presentación de expresiones impersonales con subjuntivo.
Procedimiento: Pida a los alumnos que lean las frases del libro. Explique que son informaciones extraídas de la entrevista pero no todas son correctas. Aclare las dudas de vocabulario que se presenten. Ponga la audición, tras la cual los alumnos deben marcar qué frases son verdaderas y cuáles falsas. Cada alumno da la respuesta de una frase.
Solución: Falso; verdadero; verdadero; verdadero; falso; verdadero; falso; verdadero.

b) El subjuntivo.
Objetivo: Sistematización del subjuntivo irregular. El uso del subjuntivo con expresiones impersonales.
Procedimiento: Copie el cuadro en la pizarra tal y como aparece en el libro. Primero, pregunte por las formas que faltan en los grupos de irregulares vocálicos, que presentan irregularidad en las mismas personas que en el presente de indicativo.
Indique que el presente de subjuntivo suele proceder de la primera persona de presente de indicativo. Ponga los ejemplos del cuadro y muestre las excepciones (*saber* y *dar*).
Pida a los alumnos que localicen en las frases anteriores las expresiones que se usan con subjuntivo. Presente los nuevos usos de subjuntivo en frases impersonales, con la estructura *es* + adjetivo + *que* + subjuntivo.

c) ¿Indicativo o subjuntivo?
Objetivo: Práctica para determinar el uso de indicativo o subjuntivo.
Procedimiento: Copie las frases en la pizarra y pida a los alumnos que las lean y decidan si necesitan indicativo o subjuntivo.
Pregunte a distintos alumnos por la solución y márquela en la pizarra.
Aclare las dudas que se presenten en la elección del modo verbal.

4 El Día de los Muertos y Frida Kahlo.

a) ¿Se acuerda de Frida Kahlo...?
Objetivo: Comprensión lectora selectiva.
Procedimiento: Pregunte en el pleno por la pintora Frida Kahlo. Aquellos que hayan estudiado con el libro *Caminos 1* la recordarán de la unidad 1B (*Personas famosas*). En ese caso, pídales que cuenten lo que recuerdan de ella.
Presente la introducción del texto que aparece en el libro y lea a continuación la narración con los recuerdos de Frida Kahlo. Luego, los alumnos lo vuelven a leer en silencio y marcan qué se hace en la celebración del Día de los Muertos.
Pida a los alumnos que comparen la información del texto con lo que escucharon en la entrevista de la actividad 3 a).
Haga una puesta en común final preguntando a cada alumno por una información sobre el Día de los Muertos.
Solución: Se decora el altar con flores. Se cocina el menú favorito de los muertos. Se hacen calaveras de azúcar. Se decora el altar con las calaveras, esqueletos, frutas y fotografías. Se pone en el altar comida. Los amigos y parientes hacen visitas y comen las ofrendas del altar.

Información:
Frida Kahlo: Pintora mexicana nacida en Coyoacán en 1907. Con 6 años sufrió un ataque de poliomielitis que le afectó permanentemente la pierna derecha. A los 18 años resultó herida en un accidente de tráfico. Comenzó a pintar durante su recuperación. Conoció al pintor Diego Rivera, que estaba pintando un mural en la escuela a la que ella acudía. En 1929 se casaron. Ella tenía 21 años y él, 46. Los temas

de Kahlo fueron el folklore y el arte popular de su país con un estilo surrealista. Sus cuadros reflejan los aspectos dolorosos de su vida, que pasó en gran parte tumbada en una cama. En 1939 se divorció de Diego Rivera (aunque volvieron a casarse en 1940). En 1953 le cortaron una pierna y falleció un año después.

b) En parejas. Preguntas sobre el texto.
Objetivo: Formular y responder preguntas sobre el texto anterior.
Procedimiento: Pida a los alumnos que escriban cuatro preguntas sobre el texto anterior y que se las haga al compañero, y viceversa. Ellos mismos se corrigen en las preguntas de comprensión del texto.

c) ¿Un texto "imperfecto"?
Objetivo: Reflexión sobre el contraste entre imperfecto e indefinido.
Procedimiento: Recuerde con los alumnos los usos de imperfecto vistos hasta ahora: en la unidad 1 (describir personas o cosas, acciones habituales y circunstancias en el pasado) y en la 2 (para referirse al marco circunstancial o a los hábitos en el pasado). Escriba en la pizarra el ejemplo del libro en imperfecto, referido a acciones que se repiten en el pasado. Debajo, el otro en indefinido, para referirse a una acción única en un momento concreto. Llame la atención sobre el contraste entre ambos tiempos y el valor de cada uno.
Y además: Pida a los alumnos que transformen el texto de Frida Kahlo para que se refiera a un año concreto y no a cada año. Tendrán que cambiar algunas formas verbales pero no todas.
Puede pedirlo como tarea para casa y comentar los resultados en el pleno en la clase siguiente.

Al final

Una fiesta típica.
Objetivo: Práctica final. Revisión de los contenidos de la unidad. Redactar una carta de invitación y describir una fiesta tradicional.
Procedimiento: Forme grupos de tres alumnos, o deje que los alumnos lo hagan según sus preferencias. Si hay alumnos de la misma región o ciudad, es mejor que estén juntos en el grupo.
Pídales que elijan una fiesta típica de su región y que piensen en el origen de la misma, cuándo y dónde se celebra y qué hace la gente en la fiesta.
Si el centro dispone de sala multimedia, lleve a los alumnos para que recaben la información que desconozcan en Internet o si no, pueden también prepararlo en sus casas para la clase siguiente
Los alumnos tienen que escribir una carta describiendo una fiesta típica e invitando a unos estudiantes hispanohablantes a su país para conocerla.
Ayude a los alumnos durante el proceso de redacción de la carta y solucione los problemas que se presenten.
Anímeles a utilizar los diferentes recursos presentados en la unidad para expresar deseo e impersonalidad con subjuntivo para la descripción de costumbres.
Recoja y cuelgue las cartas en la clase para que todos las puedan leer.

Rincón profesional

1 Una propuesta.

a) Establecer contacto.
Objetivo: Comprensión lectora selectiva. Una propuesta comercial.
Procedimiento: Presente la situación: una academia de idiomas en España recibe un correo con una propuesta de negocios. Lea el correo electrónico en voz alta. A continuación, los alumnos localizan la información correspondiente a las tres preguntas de la instrucción.
Compruebe en el pleno los resultados preguntando a distintos alumnos.
Solución: Es la directora de la Academia Intercultural de Lenguas en Santa Cruz, Bolivia. Desea asociarse con la Academia de idiomas Miró. Su argumento es que la Academia de idiomas Miró no ofrece cursos en Latinoamérica.

b) Complete estas frases...
Objetivo: Completar frases. Introducción de expresiones útiles en correspondencia comercial.
Procedimiento: Copie las cinco frases en la pizarra y pida a los alumnos que las completen. Para ello, pueden volver a mirar el correo electrónico de la actividad anterior, o si usted quiere desafiar a los alumnos, pídales que lo hagan sin mirar el texto.
Haga que diferentes alumnos salgan a la pizarra para que completen las frases. Entre todos se corrigen.
Solución: 1. he enterado; 2. Para más información; 3. será de interés; 4. a su disposición; 5. aprovecho la oportunidad.
Y además: Pregunte a los alumnos en qué parte de una carta comercial se usan las frases y fórmulas anteriores y para qué sirven.
Proponga a los alumnos que piensen en otras maneras de expresar esas cinco frases.

2 Una respuesta.

Objetivo: Expresión escrita guiada. Redactar una carta comercial de respuesta a una propuesta.
Procedimiento: Explique que la Academia Miró necesita responder a la propuesta de la Sra. Rodríguez. En el papel amarillo tienen los puntos que ha anotado la secretaria de la academia y que deben aparecer en la respuesta. Los alumnos deben integrarlos en una carta comercial.
Deje que preparen las ideas y que piensen en las expresiones que habrán de utilizar. Ayúdeles si es necesario.
Y además: Cuando todos los alumnos tengan sus cartas terminadas, puede proponerles que, en parejas, se las intercambien para leerlas, corregirlas y comentarlas. Luego, en el pleno, cada alumno puede comentar la carta de su compañero y citar alguna expresión que le haya gustado o que haya aprendido de él o de ella.

3 En una reunión de trabajo.

a) La reunión de trabajo... 2;18
Objetivo: Comprensión auditiva detallada. Una reunión de trabajo.
Para empezar: Puede preguntarles a los alumnos antes de poner la audición si creen que en el encuentro de trabajo se empieza con los temas de la reunión, y si no, cómo puede comenzar. Para ello, pueden pensar en su experiencia o en su conocimiento del mundo.
Procedimiento: Explique que van a escuchar el primer encuentro entre la señora Rodríguez y un representante de la Academia Miró. Ponga la audición y pida a los alumnos que presten atención para descubrir si el diálogo empieza directamente con los temas de la reunión.
Solución: No.

b) Escuche otra vez...
Objetivo: Comprensión auditiva detallada. Expresiones para entrar en contacto y comenzar una reunión.
Procedimiento: Lea y comente las expresiones para entrar en contacto y comenzar una reunión. Ponga de nuevo la audición y pida a los alumnos que marquen las frases que se dicen en el diálogo.
En parejas, pueden comprobar los resultados.
Solución: Me alegro de conocerla personalmente. ¿Desea que le sirva un café o un refresco? ¿Empezamos directamente con el primer punto?

Nos entendemos bien

Página introductoria

¿De dónde son estas personas? 2;19–22
Objetivo: Introducir el tema de la unidad: la comunicación. Presentar personas de diferentes orígenes del mundo hispano. Comprensión auditiva selectiva.
Procedimiento: Pregunte a los alumnos de dónde creen que son las personas de las fotos. Deje que formulen sus hipótesis mirando en el mapa. Los alfileres les dan una pista. No descubra usted la nacionalidad de esas personas. Más tarde lo confirmarán en la actividad siguiente escuchando la audición.
Tras observar las fotografías, y con las hipótesis que han presentado los alumnos, pregúnteles si creen que esas personas pueden entenderse en algún idioma y en cuál.
Ponga la audición dos veces para que los alumnos identifiquen el origen de esas personas y la lengua que comparten.
Ponga en común en el pleno las notas que han tomado los alumnos.
Solución: 1. De Puerto Rico; 2. De España; 3. De Bolivia; 4. De Guinea Ecuatorial.
Y además: Pregunte a los alumnos si han escuchado alguna información más referidas a otras lenguas que se mencionan (inglés en Puerto Rico, gallego en Galicia, quechua, aymara y guaraní en Bolivia, francés y fang en Guinea Ecuatorial). Ponga de nuevo la audición para comprobarlo.
Al final, puede pedir a los alumnos que localicen más lugares en el mundo en los que se habla español. Dé tres minutos para que los escriban. Gana el alumno que tenga mayor número de países.

A. Sin palabras (o con muy pocas)

Objetivos:
- La comunicación no verbal
- Gestos hispanos
- Expresiones para reaccionar

Recursos:
Quiero ir a la playa. / Quiero que vayamos a la playa. ■ *Hablad expresivamente. / No os molestéis si os interrumpen.* ■ *Vale, perfecto. / Anda, papá, cómpramelo. / Venga, ya es tarde. / ¡Vaya! Eso no lo sabía yo.*

Gramática:
- El contraste infinitivo / subjuntivo
- El imperativo de *vosotros*

1 La comunicación no verbal.

a) El lenguaje no verbal.
Objetivo: Identificar símbolos visuales y gestuales. Presentación de expresiones con infinitivo o subjuntivo.
Para empezar: Pregunte a los alumnos qué entienden ellos por lenguaje no verbal. Recoja en la pizarra todo lo que digan y pídales que pongan ejemplos.
Procedimiento: Muestre las imágenes y pídales que las observen para interpretarlas en el cuestionario del libro. Los alumnos marcan sus respuestas y se pone en común en el pleno.
Solución: 1. Es aconsejable conducir a 60 km/h. 2. Es posible pagar con tarjeta de crédito. 3. Quiere decir al camarero que el helado es para ella. 4. para llamar a un taxi.

b) ¿Infinitivo o subjuntivo?
Objetivo: Completar unas frases con las formas verbales. Deducir las reglas para contrastar infinitivo y subjuntivo.
Procedimiento: Los alumnos leen las frases anteriores para completar el cuadro con los verbos en subjuntivo.
A continuación, pídales que comparen la diferencia de significado entre las frases con infinitivo y con subjuntivo y que completen la regla (Infinitiv, Subjuntivo).
Deje clara la necesidad del subjuntivo en las frases que introducen una persona distinta a la de la oración principal (con los verbos *querer*, *desear*, *esperar* y con frases con *para*) y con expresiones impersonales con valor general. Cuando las dos oraciones tienen sujetos iguales, necesitan el infinitivo. Muestre en los ejemplos cómo se aplica esta regla.
Solución: escuche; vea; conduzcan; robe.

c) ¿Qué significan estos símbolos?
Objetivo: Práctica oral para describir símbolos con las expresiones anteriores.
Para empezar: Pregunte a los alumnos dónde pueden encontrar los símbolos propuestos.
Procedimiento: Los alumnos observan los símbolos y piensan en su significado. En parejas, sin señalar el símbolo, se lo describen al compañero, que tiene que adivinar de qué símbolo se trata.
Llame la atención sobre la importancia de personalizar o no las frases según el símbolo, dejando claro que son posibles los dos ejemplos. Si es necesario, dé un modelo: *Está prohibido hacer cámping* y *Está prohibido que los visitantes hagan cámping*.
Supervise el trabajo en parejas y facilite la ayuda que los alumnos necesiten. Tome nota de las dificultades de los alumnos y coméntelas en el pleno. Al final, pregunte en el pleno por las diferentes posibilidades para cada símbolo.

2 Lea este texto y haga los gestos...

Objetivo: Comprensión lectora detallada. Conocer gestos universales.
Procedimiento: Lea el texto en voz alta. Los alumnos lo leen en silencio una segunda vez. Pídales que se concentren en esta segunda lectura en los gestos que se describen. Aclare las dudas que puedan surgir.
Pida voluntarios para que hagan los gestos que se mencionan. Los demás pueden confirmar que lo hacen correctamente.
Pregunte si esos gestos también se hacen en la cultura o en el país de los alumnos o si tienen significados diferentes y cuáles son.

3 Gestos universales.

a) Transmitan estos "mensajes".
Objetivo: Practicar el lenguaje gestual.
Procedimiento: Lea las expresiones del libro y aclare las que no comprendan.
Una vez los alumnos las comprenden todas, deles unos minutos para prepararse y para pensar en el gesto correspondiente.
En parejas, intentan expresar al mismo tiempo esas frases con gestos. Los alumnos cuentan hasta tres y realizan el gesto.
Pida al final que comenten en el pleno las frases que se han expresado de manera diferente.

b) ¿Conoce más ejemplos de gestos típicos?
Objetivo: Práctica oral. Hablar de gestos.
Procedimiento: Pregunte por más gestos en el pleno. Dé usted algún ejemplo más de un gesto que no haya salido hasta ahora, deje que los alumnos lo interpreten.
Puede dejar que cada alumno haga un gesto y que los compañeros adivinen a qué se refiere.

4 Gestos hispanos.

a) Gestos del mundo del español.
Objetivo: Interpretar o deducir gestos españoles.
Procedimiento: Muestre las fotografías en las que esta persona hace gestos. Indique que se trata de gestos típicos españoles.
Para que queden más claros, hágalos usted también y pida a los alumnos que los imiten.
Pregunte en el pleno qué creen que significan o en qué contextos se emplean.

b) Escuche. 2; 23–26
Objetivo: Comprensión auditiva.
Procedimiento: Dígales a los alumnos que van a escuchar unas situaciones en las que unas personas explican los gestos anteriores. Ponga la audición una vez y deje que los alumnos comparen en parejas sus resultados. Póngala una segunda vez para que confirmen los resultados.
Haga una puesta en común en el pleno y dé más detalles de lo que no hayan podido escuchar los alumnos.
Solución: 1. Te lo digo de verdad. 2. Corta la conversación. 3. No me gusta lo que haces, tienes la cara muy dura. 4. Ojo, cuidado.

5 Reglas de comunicación.

a) Consejos para comunicarse...

Objetivo: Comprensión lectora detallada. Dar consejos para comunicarse en España. Presentar las formas del imperativo de *vosotros*.
Procedimiento: Introduzca el contexto de las reglas tal y como viene en el libro. Se trata de reglas de comportamiento para estudiantes que hacen un intercambio en España.
Léalas en voz alta y aclare las dudas que surjan. Pídales que piensen en cuáles de esas reglas, en su opinión, son diferentes en su país o en su cultura. Cada alumno presenta sus conclusiones en el pleno y explica las diferencias que encuentra.

b) El imperativo de 'vosotros'.

Objetivo: Sistematización del imperativo de *vosotros*. Deducir la regla de formación del imperativo de *vosotros*.
Procedimiento: Comente que ya conocen el imperativo de las unidades 3 y 6 y que ahora van a ver la forma que faltaba.
Copie el cuadro en la pizarra con las terminaciones en un color diferente y pida a los alumnos que completen con las formas que faltan, que son las que ya conocen.
Llame la atención sobre la sustitución de *-r* por *-d* (en la regla) para el imperativo afirmativo y hágales ver que la forma del negativo es igual que la forma del subjuntivo de *vosotros*, que ya conocen.
Muestre un ejemplo para ilustrar el imperativo afirmativo de *vosotros* de verbos reflexivos (*poneos*) e introduzca la única excepción (*idos*).
Solución: Mire; no miren.

c) Consejos para que los extranjeros...

Objetivo: Práctica escrita libre para dar consejos sobre la comunicación no verbal.
Procedimiento: Divida la clase en parejas y pídales que piensen en reglas similares a las anteriores, pero esta vez para su país, referidas a la distancia con respecto al interlocutor, las formas de interrupción, los gestos y las muestras de interés en la comunicación.
Cada pareja da un consejo en el pleno. Los demás escuchan para no repetir consejos similares. Escríbalos usted en la pizarra para comprobar la corrección de las formas de imperativo. No se preocupe si surge algún tipo de discusión por diferencia de hábitos entre los alumnos. Se trata de que se pongan de manifiesto las diferencias y la diversidad incluso dentro de una misma cultura.

6 Vale, vaya, venga, anda.

a) Pequeñas palabras con mucho efecto.

2;27–34

Objetivo: Comprensión auditiva global. Presentar interjecciones con distinto significado.
Procedimiento: Pregunte a los alumnos si conocen las cuatro palabras que se presentan y pídales que digan en qué situaciones se usan. Si salen diferentes respuestas, tranquilíceles diciendo que pueden tener varios significados, dependiendo del contexto o de la entonación.
Ponga la audición y pídales que presten atención a la situación y a la entonación para decidir el significado de la expresión.
Ponga si es necesario la audición una segunda vez para asegurarse de que todos lo han entendido.
Pregunte en el pleno, primero, por las situaciones de cada diálogo. Luego, pregunte por el significado de la expresión.
Solución: 1. Meinetwegen. 2. Einverstanden. 3. Na endlich. 4. Wuau!!! 5. Kopf hoch! 6. Los, beeil dich! 7. Sag bloß. 8. Bitte, bitte...
Y además: Puede darles a los alumnos la transcripción de los diálogos para que los practiquen siguiendo los modelos de la audición.

b) Reacciones adecuadas.

Objetivo: Práctica oral guiada de las interjecciones introducidas.
Para empezar: Pida a los alumnos que lean los bocadillos y que deduzcan cuál es el significado de *vale*, *vaya*, *venga* y *anda* en estas frases.
Procedimiento: En parejas, los alumnos imaginan una situación en la que se han podido producir las reacciones de los bocadillos. Juntos escriben un pequeño diálogo (como los que escucharon en la actividad anterior) y lo ensayan para representarlo más tarde en el pleno. Cada pareja puede representar un diálogo. Intente que cada expresión se represente en dos diálogos diferentes para poder comparar los resultados.

B. Hablemos el mismo idioma

Objetivos:
- Conocer la lengua y cultura hispana en EE. UU.
- Hablar de la procedencia
- Expresión de la identidad
- Expresar opinión, mostrar acuerdo o desacuerdo

Recursos:
boliviano / hondureño / guatemalteco ■ *No tienen todos el mismo origen. / Tengo que terminar esta carta hoy mismo. / Para mí lo mismo. / Me da lo mismo.* ■ *Creo que el inglés es muy importante. / No creo que sea suficiente hablar solamente inglés. / Sí, tienes razón. / Sí, pero… / Ah no, no es verdad. / ¡Ni hablar!*

Gramática:
- Los adjetivos gentilicios
- El uso de *mismo/-a/-os/-as* (Bien Mirado S.196)
- Indicativo o subjuntivo con verbos de creencia

1 La comunidad hispana en EE. UU.

a) Hispanos en los Estados Unidos.
Objetivo: Formular hipótesis. Preparar la lectura del texto.
Procedimiento: Lea las cuatro frases y pida a los alumnos que marquen la información que crean correcta.
Y además: Pregunte a los alumnos si conocen a algún hispano famoso en los Estados Unidos en el mundo del espectáculo. Deje que cada alumno presente al famoso en el que ha pensado.

b) Lea este artículo…
Objetivo: Comprensión lectora global y selectiva. Confirmar las hipótesis. Deducir el significado de *mismo*.
Procedimiento: Lea usted el texto en voy alta y deje que los alumnos confirmen sus hipótesis. Aclare los términos que no comprendan.
Pida a los alumnos que localicen en el texto ejemplos con la palabra *mismo/-a/-os/-as*. Escriba en la pizarra los ejemplos que le den y pregunte en el pleno por el significado ("der / die / dasselbe"). No será difícil dar con la respuesta o con una expresión similar.
Solución: 1. Más de 35 millones. 2. 25%. 3. Casi un 63%. 4. Los Ángeles.

c) Cierre el libro y resuma el texto…
Objetivo: Resumir un texto.
Procedimiento: Pida a los alumnos que resuman el texto en pocas frases, dos o tres. Para ello, pídales que cierren el libro y piensen en las principales ideas del texto.
Deje que escriban, si es necesario, sus frases y pregunte por ellas a todos los alumnos en el pleno.

2 Países y nacionalidades de Latinoamérica.

Objetivo: Presentación y sistematización de los adjetivos gentilicios de países latinoamericanos.
Para empezar: Pregunte por los países que se mencionan directa o indirectamente en el texto. Se trata de que los alumnos deduzcan el nombre de los países a través de las nacionalidades.
Procedimiento: Los alumnos vuelven a leer el texto para localizar las nacionalidades que se mencionan y agruparlas según la terminación. Pídales que añadan otras nacionalidades que conozcan con esa misma terminación.
Escriba las terminaciones en la pizarra y deje que los alumnos salgan, uno por uno, a la pizarra para copiar las nacionalidades que tienen.
Aclare que no hay reglas para la formación de las nacionalidades, por ello es bueno agruparlas para así recordarlas mejor.
Solución: -o/-a: *argentino, uruguayo, paraguayo*; -ano/-ana: mexicano, dominicano, cubano, colombiano, ecuatoriano, peruano, *venezolano, chileno*; -eño/-eña: puertorriqueño, salvadoreño, hondureño; -eco/-eca: guatemalteco; -ense: estadounidense, nicaragüense, *costarricense*.

3 ¿Qué significan las expresiones en cursiva?

Objetivo: Comprensión lectora global. Sistematización del uso de *mismo/-a/-os/-as*.
Para empezar: Pida a los alumnos que interpreten los diálogos en parejas. Pregúnteles por las situaciones en las que creen que se desarrollan, así como por las personas que los interpretan. Se trata de que los alumnos lo infieran por la información con que cuentan.
Procedimiento: Divida a la clase en parejas. Los alumnos leen las frases y deducen el significado de las expresiones marcadas en cursiva. Luego, completan el cuadro. Haga una puesta en común en el pleno para resolver la actividad.
Haga usted una demostración de las expresiones y enfatice la importancia de la entonación y los gestos. Después, pida a algunas parejas que interpreten los diálogos de nuevo.

Solución: hoy mismo: heute noch / gleich heute; aquí mismo: direkt hier / gleich hier; Para mí lo mismo: für mich das gleiche; Me da lo mismo: Das ist mir egal.

4 Hablemos el mismo idioma.

a) ¿Una lengua común? 2;35

Objetivo: Comprensión auditiva selectiva.
Procedimiento: Pregunte a los alumnos si conocen a Gloria Estefan y qué saben de ella.
Antes de poner la canción, pida a los alumnos que lean el texto.
Ponga la canción "Hablemos el mismo idioma" dos veces y deje que los alumnos marquen la palabra que se usa en cada caso y comparen en parejas los resultados.
Cada alumno lee una estrofa con su elección.
Ponga la canción una última vez para comprobar los resultados.
Solución: senderos, diferencias, necesitamos, mundo, unión, tantas, empezar, hermano.

Información:
Gloria Estefan: Su verdadero nombre es Gloria María Fajardo. Nació en 1957 en La Habana. Con 16 meses, ella y su familia abandonaron Cuba y se trasladaron a Miami. Se unió como cantante a "The Miami Sound Machine", el grupo de su futuro marido Emilio. Grabaron sus tres primeros álbumes en español y en inglés. Su búsqueda de las raíces latinas en "Mi Tierra" (1993) le valió el Grammy y el reconocimiento de la comunidad hispana. Ha recibido numerosos premios, ya en solitario, incluyendo otro Grammy por su disco "Abriendo puertas".

b) Complete...

Objetivo: Práctica de las expresiones con *mismo/-a/-os/-as*. Comprensión lectora detallada.
Procedimiento: Pida a los alumnos que completen las frases con expresiones con *mismo/-a/-os/-as*.
Explique que algunas de las frases resumen ideas de la canción. Ellos tienen que decidir cuáles, por lo que no hay una respuesta única ya que se trata de una cuestión de interpretación personal.
Solución: 1. lo mismo. 2. el mismo. 3. hoy mismo. 4. mismos. 5. lo mismo.
Y además: Pida a los alumnos que piensen en más frases que resuman las ideas de la canción.

5 El "spanglish".

a) Unas frases de Jenny González.

Objetivo: Comprensión lectora detallada. Formular hipótesis.
Procedimiento: Lea las frases de Jenny González en voz alta. Tras leerlas, pregunte a los alumnos de qué idioma se trata y cómo se expresaría completamente en español.
Si algún alumno no habla inglés, deje que haga la actividad con los que sí lo hablan.
Solución: "Somos lo que hablamos. Es divertido y además, muy creativo. Hablo inglés con mis colegas pero español con mi familia."

b) 40 millones de hispanos...

Objetivo: Comprensión lectora global. El "spanglish". Expresión oral personalizada. Hablar de la propia lengua.
Procedimiento: Explique que la frase anterior está en "spanglish", una lengua hablada por 40 millones de hispanos en Estados Unidos y que van a leer un texto sobre ella.
Pida a los alumnos que lean el texto de Jenny a la derecha y que pregunten lo que no entiendan.
A continuación, pregunte si hay también en alemán palabras procedentes del inglés. Los alumnos pueden hacer una lista en parejas de las que se les ocurran. Deles para ello 5 minutos.
Pregunte a los alumnos si se puede hablar de "Germanish" o no.

c) Una cadena.

Objetivo: Práctica oral controlada. Mostrar opinión y reaccionar ante la opinión de otros.
Procedimiento: Lea a los alumnos las afirmaciones propuestas sobre la importancia del inglés. Presente el modelo y explique la necesidad del subjuntivo con verbos de opinión (*creer*, *pensar* y *parecer*) con negación.
Añada la expresión afirmativa (*Creo que sólo se puede hablar bien la propia lengua*) y la frase del modelo reformulada para que vean otra posibilidad para la negación (*Creo que no sólo se puede hablar bien la propia lengua*).
Muestre la forma de reaccionar dependiendo del grado de acuerdo o desacuerdo que quiera mostrar el hablante.
La cadena la inicia un alumno leyendo una frase, a la que reacciona el compañero con una expresión del cuadro (y la explicación que crea necesaria). A su vez, este alumno lee otra frase y el siguiente reacciona.
Corrija en el acto para que se fijen las estructuras.
Para que la actividad sea más significativa, los alumnos pueden proponer más frases sobre el inglés y continuar la cadena.
Y además: Proponga a los alumnos un juego en el que escriben cuatro frases sobre sí mismos, de las que dos tienen que ser ciertas y dos falsas. En grupos de tres, se turnan para presentar sus frases y dar su opinión con la expresión *no creo/pienso/me*

parece que... o reaccionar a lo que diga el otro compañero.
Ponga usted un ejemplo: *No sé conducir*. Deje que los alumnos den su opinión (*No creo que no sepas conducir*) y que otros reaccionen a la opinión (*Sí, tienes razón*).

Al final

Un debate.
Objetivo: Práctica final. Revisión de los contenidos de la unidad. Participar en un debate sobre la importancia del inglés. Mostrar opinión y reaccionar ante la opinión de otros.
Para empezar: Disponga el aula para realizar el debate, con dos lados diferenciados y separados y dos sillas en medio para los observadores. Prepare las tarjetas para los argumentos de los alumnos (al menos una para cada uno).
Procedimiento: Proponga el tema de discusión. Forme dos grupos y nombre o pida dos observadores. Para la formación del grupo, pregunte por las preferencias de cada alumno para defender una u otra idea, pero intente equilibrar los grupos. Explique bien las reglas del debate y dé el tiempo suficiente para que los alumnos se preparen. Es muy importante que los alumnos anoten sus ideas pero también que escriban las frases que les resultan más difíciles. A fin de que todos los alumnos intervengan, insista en que todos tengan tarjeta con argumentos.
Supervise el trabajo de los alumnos y compruebe que las ideas se formulan claramente. Recuérdeles que usen los verbos de opinión.
Durante el debate, manténgase en un segundo plano para no ser usted el objeto de atención. Si es necesario, modere el debate y controle los turnos de palabra y las intervenciones para reaccionar. Controle asimismo el tiempo de intervención de los alumnos y limite el debate a una duración determinada, la que considere necesaria, dependiendo del número de alumnos y de la duración de la clase. Es fundamental que no se rebase el tiempo, pero también que intervengan todos los alumnos.
El papel de los observadores requiere un trabajo previo con ellos para explicarles su tarea. Se trata de que tomen nota de las principales ideas y argumentos que se digan en el debate y de que al final se pongan de acuerdo para evaluar la argumentación más convincente. Esto lo exponen en el pleno a la conclusión del debate y tras analizar sus notas.

Rincón profesional

1 Vocabulario bancario.

a) Lea estas definiciones.
Objetivo: Introducir vocabulario referente al banco.
Para empezar: Para contextualizar el vocabulario, pregunte a los alumnos a qué contexto corresponden las palabras definidas.
Procedimiento: Los alumnos leen de nuevo las definiciones y traducen las palabras a su idioma.
Haga una puesta en común en el pleno y aclare, si surgen, las discrepancias.
Solución: cuenta corriente: Girokonto; clave personal: Geheimzahl; cajero automático: Bankautomat; transferencia: Überweisung; domiciliar: Eine Einzugsermächtigung geben; cobrar: Geld erhalten; interés: Zins.

b) Complete estas frases...
Objetivo: Práctica del vocabulario anteriormente presentado. Completar frases.
Procedimiento: Los alumnos completan las frases con el vocabulario de la actividad anterior.
Pregunte en el pleno para comprobar los resultados.
Solución: 1. clave personal. 2. cuenta corriente. 3. interés. 4. cobrar. 5. transferencia. 6. cajero automático. 7. domiciliar.
Y además: Proponga que en parejas se imaginen situaciones y construyan diálogos en los que se puedan incluir algunas de las frases de la actividad. Supervise el trabajo de los alumnos y anímeles a representar los diálogos.

2 Actividades bancarias.

a) En cadena.
Objetivo: Práctica oral personalizada.
Para empezar: Pida a los alumnos que lean las actividades bancarias propuestas. Para aclarar lo que no conozcan, pueden preguntar a un compañero o al profesor, o buscar en el diccionario.
Procedimiento: En cadena, cada alumno expresa cómo realiza esas actividades bancarias. Aclare las tres posibilidades: hacerlo en persona, tener domiciliaciones o hacerlo por Internet.
Inicie usted la cadena poniendo un ejemplo, el siguiente alumno expresa cómo lo hace él y así sucesivamente.
Y además: Si han surgido hábitos diferentes en torno a las mismas actividades bancarias, anime a que los alumnos manifiesten y discutan sus razones para hacerlas de uno o de otro modo.

b) En el banco. 2;36–38
Objetivo: Comprensión auditiva global.

Para empezar: Ponga la audición una primera vez y pregunte en el pleno por las palabras relacionadas con el banco que se mencionan (*formulario, abrir una cuenta, cuenta corriente, cajero automático, tarjeta, sacar dinero, número de tarjeta, banco, caja, enviar dinero, rellenar un impreso, destinatario, transferencia, cantidad, moneda, IBAN*). Explíquelas si es necesario.
Procedimiento: Ponga de nuevo una por una las tres audiciones. Ahora, los alumnos tienen que identificar la situación que se produce en el banco.
Pida a los alumnos que comparen con un compañero sus resultados. Haga una puesta en común en el pleno.
Solución: 1. Quiere abrir una cuenta. 2. El cajero se ha comido su tarjeta. 3. Quiere hacer una transferencia al extranjero.

Información:
IBAN: En inglés, "International Bank Account Number" o número internacional de cuenta bancaria.

3 En el cajero automático.

a) Ordene estas instrucciones.
Objetivo: Instrucciones para sacar dinero de un cajero.
Para empezar: Pregunte en el pleno si reconocen dónde está y qué está haciendo la persona de la fotografía. Puede que salgan más acciones que se pueden realizar a través del cajero automático. Ayude a los alumnos a expresarlas.
Procedimiento: Pida a los alumnos que piensen en los pasos que hay que seguir para sacar dinero de un cajero. A continuación, tienen que ordenar las instrucciones.
Pregunte a diferentes alumnos por el orden de cada paso.
Solución: 1. Introduzca su tarjeta. 2. Marque su clave personal. 3. Pulse la tecla de la operación que desea realizar. 4. Indique la cantidad. 5. Confirme. 6. Retire su tarjeta y el efectivo.

b) En general, ¿toma usted alguna precaución...?
Objetivo: Práctica oral personalizada.
Procedimiento: Pregunte a los alumnos si toman precauciones cuando sacan dinero de un cajero automático, como la del modelo, y que expliquen por qué.
Y además: Tal vez los alumnos pueden contar alguna experiencia relacionada que hayan tenido en un cajero automático.
Pídales que en parejas elaboren una serie de consejos para los usuarios de los cajeros automáticos.

Unidad 12

Revuelto

1 Estrategias de aprendizaje: leer y entender textos.

a) Leer y entender textos.
Objetivo: Sensibilización de las distintas estrategias de comprensión lectora.
Para empezar: Esta actividad pretende crear las condiciones que permitan a los alumnos desarrollar estrategias para favorecer la comprensión de textos. Se trata de que los alumnos reconozcan y activen estas estrategias (el interés por el contenido, su conocimiento del mundo, el conocimiento previo del tema, el formato y la estructura del texto, ayudas visuales, expectativas sobre el contenido, etc.) para poder enfrentarse a un texto en una lengua extranjera.
Procedimiento: Divida la clase en tres grupos y asigne a cada uno una de las tres tareas del ejercicio. Si la clase es muy numerosa, haga dos o tres grupos y, a su vez, divida estos en tres grupos.
Cada grupo lee su tarea. A continuación, los alumnos leen individualmente el texto y realizan la tarea. La ponen en común en el grupo y se ponen de acuerdo en la solución.
Trate con cada grupo las dificultades del texto, pero anímeles a solucionarlas con sus propios medios (preguntando en el grupo, consultando el diccionario, etc.).
Cada grupo puede ofrecer en el pleno los resultados de su tarea.

b) Ahora comparen sus experiencias...
Objetivo: Reflexionar sobre la actividad de comprensión lectora y las estrategias de comprensión.
Procedimiento: En el pleno, pida a los alumnos que reflexionen sobre la actividad que acaban de realizar. Hágales las preguntas que aparecen en el libro resolviéndolas una a una y dándoles tiempo para que piensen en la respuesta.
Tal vez la cuestión más interesante es qué resultados se dan entre los grupos. Se trata de que los alumnos se sensibilicen respecto a la tarea de la lectura y de que vean cómo pueden sacar más provecho de un texto y cómo deben enfrentarse a él.
Comente la frase final a modo de reflexión y discuta con los alumnos si están de acuerdo con ella y si coincide con lo que han experimentado en la actividad.

2 Un paseo por Colombia.

Objetivo: Revisar los contenidos comunicativos de las tres unidades anteriores. Comprensión escrita de un texto sobre Colombia.
Para empezar: Pregunte a los alumnos si han estado alguna vez en Colombia o qué saben sobre ese país y dónde está. Escriba en la pizarra con palabras clave lo que se diga en el pleno.
Utilice el mapa que viene al final del libro para situar el país y para que los alumnos conozcan su geografía.
Procedimiento: Explique a los alumnos las reglas del juego que aparecen en la página 238 del libro. Los alumnos juegan en grupos de tres o cuatro.
No es necesario que lean los textos antes de empezar a jugar. Pueden resolver las dudas a medida que avanzan, preguntándose unos a otros o pidiéndole a usted ayuda.
Vaya anotando las palabras desconocidas en la pizarra junto con una definición o una traducción. Así, servirán para posteriores explicaciones a otros grupos.
Y además: Pida a los alumnos que le comenten qué tal ha ido el "viaje" y qué han aprendido sobre Colombia.
Pídales que escriban como tarea para casa una relación de lo que les gustaría y lo que no les gustaría visitar de Colombia y por qué.

3 La cultura.

a) Reflexión intercultural.
Objetivo: Reflexionar acerca de aspectos interculturales tratados en el libro.
Procedimiento: Pregunte en el pleno por aspectos culturales que han aprendido en *Caminos*. Deje que recuerden o que miren de nuevo en el libro durante unos minutos.
A continuación, copie en la pizarra lo que le vayan diciendo los alumnos sobre los aspectos culturales presentados en el curso.
Ponga usted un ejemplo para guiar a los alumnos (por ejemplo, las formas de vida de la Unidad 1).

b) ¿Qué es la cultura?
Objetivo: Reflexionar acerca de la definición de cultura.
Procedimiento: Pregunte en el pleno qué entienden por *cultura*. Los alumnos pueden dar ejemplos, una definición, una palabra, lo que se les ocurra. Puede ser interesante ver lo que cada uno entiende por cultura.
Lea el texto sobre la cultura en voz alta. Aclare las dudas de comprensión que tengan los alumnos. Pregunte si están de acuerdo con la definición que se da.

4 Cuestiones culturales

a) La cortesía.
Objetivo: Reflexión sobre los propios comportamientos. Completar un cuestionario con cuestiones culturales.
Para empezar: Pregunte a los alumnos qué entienden por *cortesía* y si pueden poner ejemplos del concepto que ellos tienen.
Procedimiento: Pida a los alumnos que lean y puntúen las situaciones del cuestionario.
Ponga usted un ejemplo para que quede claro lo que se les pide.

b) En grupos de 4...
Objetivo: Analizar los resultados de los cuestionarios. Sensibilizar sobre los hábitos culturales.
Procedimiento: Divida la clase en grupos de cuatro. Juntos tienen que, primero, contabilizar los puntos del cuestionario (por cada casilla marcada un punto) y, después, observar las coincidencias y las diferencias.
Pídales que, de acuerdo con los puntos, saquen conclusiones de comportamientos típicos que crean que se pueden dar en la cultura de su país.
Muévase entre los grupos para guiar y dinamizar el análisis y pida a los alumnos que tomen notas de las conclusiones más importantes que han extraído.
Finalmente, cada grupo expone su análisis y sus reflexiones para que se puedan contrastar con los de los otros grupos.

c) ¿Qué piensa que van a decir...?
Objetivo: Formular hipótesis sobre cuestiones culturales hispanas.
Procedimiento: Pida a los alumnos que traten de imaginar cuál es la opinión y la actitud de los hispanos con respecto a las cuestiones culturales de la actividad a). Para ello, pueden recordar las intervenciones de algunos hispanohablantes y la información cultural introducida en el curso y aprovechar ese conocimiento previo y de su conocimiento del mundo para inferir esa información.
Pregunte a cada alumno de qué dato está más seguro y tiene más información. Trate de que intervengan todos con sus recuerdos y los conocimientos que posean.

d) Opiniones. 2;39–43
Objetivo: Comprensión auditiva selectiva. Contrastar información.
Procedimiento: Ponga la audición y aclare que van a escuchar a varios hispanohablantes que hablan sobre algunas de las cuestiones culturales de la actividad a). Se trata de que los alumnos marquen en una primera escucha los temas que se mencionen.
Una vez los han marcado, pídales que comparen sus resultados con un compañero. Escriba en la pizarra los temas para que los alumnos se centren en ellos en la segunda audición.
Ahora, deben tomar nota de lo que los hispanohablantes digan sobre esos temas.
En los mismos grupos de la actividad b) se comparan las notas que han tomado y se comentan las diferencias entre las respuestas del grupo y las de las personas de la audición.
Cada grupo puede presentar en el pleno una diferencia que haya encontrado.
Solución: 1. Preguntarle a alguien en una fiesta cuánto gana: es descortés para todos. En Bolivia se puede preguntar indirectamente: *¿Ganas bien*? 2. Preguntarle a una persona nueva de la empresa si está casada: en general no es descortés, en Cuba incluso se esperan preguntas de este estilo. 3. Hablar con desconocidos mientras se está esperando el autobús: es diferente según los países. No es normal en Bolivia; en España dependiendo si es una ciudad (no) o un pueblo (sí); en Cuba sí. 4. Abrir un regalo inmediatamente: es una muestra de cortesía hacerlo en casi todos los países, menos en Bolivia donde los regalos se abren cuando los invitados se han marchado. 5. Ofrecer a los demás bombones que le han regalado: es cortés para todos. 6. Insistir varias veces para que los invitados coman un poco más: en general es una muestra de cortesía, con variantes individuales.

5 Comportamientos culturales.

a) Aspectos de la cultura.
Objetivo: Comprensión lectora global. Completar un cuestionario sobre comportamientos culturales. Sensibilización intercultural: aspectos universales, culturales e individuales del propio comportamiento.
Procedimiento: Pida a los alumnos que lean el texto de la derecha y que marquen lo que se dice con respecto a los comportamientos universales, culturales e individuales. Puede pedirles que intenten dar un ejemplo de cada uno. Apunte en la pizarra los que le digan. Puede servir para completar la lista con la que tienen que trabajar en el paso siguiente. Ponga usted un ejemplo si no comprenden la diferencia entre los diferentes tipos de comportamientos.
A continuación, cada uno marca en el cuestionario los comportamientos y decide si los clasifica como universales, culturales o individuales.

b) Comparen los resultados en el grupo.
Objetivo: Analizar los resultados de los cuestionarios. Reflexionar sobre los comportamientos culturales.
Procedimiento: Los alumnos pueden trabajar en el mismo grupo en el que trabajaron en la actividad 4b). Así, aprovechan la dinámica de grupo creada con esos compañeros.
Pídales que comparen los resultados y que discutan cómo han marcado los comportamientos.
Finalmente, cada grupo expone en el pleno los resultados de la comparación haciendo énfasis en las coincidencias y en las diferencias. Explique que no es necesario que los alumnos se pongan de acuerdo en una única respuesta o en una respuesta correcta, sino que intercambien sus opiniones y sus costumbres personales.

6 La casa en diferentes culturas.

a) La casa: ¿espacio privado o público?
Objetivo: Práctica oral personalizada. Discutir sobre un aspecto cultural: el significado del espacio público y privado en la cultura propia.
Procedimiento: Para esta actividad, divida a la clase en grupos de cuatro. Trate de que se junten alumnos que no han estado en el mismo grupo en las actividades anteriores.
Introduzca el tema y lea las preguntas sobre las que hablarán los alumnos.
Es importante que los alumnos tomen notas de lo expresado por cada uno para realizar la actividad posterior.

b) Escuche a este grupo... 2;44–45
Objetivo: Comprensión auditiva global. Comparar comportamientos y aspectos culturales.
Procedimiento: Ponga la audición para que los alumnos tomen notas sobre lo que los hispanohablantes dicen acerca de la casa en sus culturas. Pídales que seleccionen alguna información que les haya llamado la atención.
Luego, los alumnos comparan individualmente las notas de la audición con las de su grupo.
Finalmente, presentan en el pleno las diferencias y lo que les ha sorprendido.
Trate de que todos intervengan mostrando cada uno una diferencia entre los hispanohablantes y su grupo.

c) ¿Qué es típicamente alemán?
Objetivo: Práctica oral personalizada. Reflexionar sobre los rasgos culturales de cada uno.
Para empezar: Pregunte a los alumnos qué aspectos consideran propios del alemán típico. Haga un listado en la pizarra de lo que le digan los alumnos.
Procedimiento: Pregunte a los alumnos si se consideran los típicos alemanes o no y por qué. Pueden aportar comportamientos o aspectos que consideren alemanes y que pueden compartir o no. Si hay alumnos que no son alemanes, pídales que piensen en lo típico de su nacionalidad.
Cada alumno informa al pleno de sus consideraciones. Los demás pueden intervenir para opinar sobre lo típicamente alemán que es o no es cada compañero. Es interesante hacerlo de esta manera porque se pondrán de manifiesto la variedad de factores que para cada uno determinan lo típicamente alemán.
Finalmente, pídales que piensen en dos aspectos de la cultura alemana que creen que pueden chocar a los hispanohablantes. Para ello, pueden pensar en lo reflejado en el curso por las intervenciones de los hispanohablantes o por la información facilitada en el libro.
Pregunte a los alumnos en el pleno por los aspectos en los que han pensado y pídales que argumenten su elección. Copie en la pizarra lo que le digan para hacer un inventario de los aspectos alemanes que los hispanohablantes pueden considerar "singulares".

7 Actuar y comunicar.

Objetivo: Evaluar los conocimientos adquiridos en las unidades 9, 10 y 11.
Procedimiento: Presente los temas que se han trabajado en las anteriores unidades y explique que al final de las mismas los alumnos deberían ser capaces de realizar todo eso. Haga que en parejas comprueben sus conocimientos revisando cada punto y dando ejemplos de cada uno. Aquí cada alumno

ayuda a su compañero a la hora de confirmar si recuerda bien o no cada cosa.
Si es así, pueden marcar cada tema. En el caso de que no se acuerden, anímeles a consultar el libro para refrescarles la memoria.
Compruebe que lo hacen bien moviéndose por la clase y escuchando a cada pareja. Si ve que las dudas son generalizadas, dé usted una explicación o remítales al libro para una revisión. Si es necesario, haga una práctica repetida o una actividad extra de las dudas no resueltas.
Otra alternativa es preparar las tareas como deber de casa. Recuérdeles que el propósito de esta autoevaluación es permitirles comprobar sus progresos.
Indique que han llegado al término del libro y que, una vez superado este nivel, deberían ser capaces de interactuar y relacionarse en un país hispanohablante. Anímeles a ello y a seguir con el aprendizaje del español.